《正五行擇日精義中階》

繼大師

自序

繼大師

這本《正五行擇日精義中階》一書，是承接《正五行擇日精義初階》，當把干支五行及貴人熟讀後，便可研究這本「中階擇日精義」，「中階」一書之內容，全部是日課格局之例子，由簡單至複雜而排列，放在書之中間部份；前三章，是闡釋擇日之功能、原則及重點，最後之五章，是説明擇日之禁忌及其權宜之法，全書除用未來日課（由一八八五至二零八二年不等）外，筆者繼大師還加入一些自撰之表格，其中有某些特別之格局日課，及某種日課只能在某些特別日子出現，有些根本不可能出現，如天地同流格之日課就只得十二個，佔六十個甲子之五份一機會。

自撰之表格中，亦有干支之各種組合，及其排出之機會率等，如三合局、干支三朋格，隔柱三朋格等，這隔柱三朋及干支三朋之格局，古籍中未見出現，但道理與天地同流格相同，故筆者繼大師大膽將古法灌注入此兩格內，亦未曾違反古人之擇日學說，只是權巧使用吧了！為求擇日法之完善起見，筆者不厭其煩地將紫白年、月星之起法列於《紫白五黃之禁忌》一章內以供參考。本人撰寫擇日書多本，其寫作之先後是：

（一）正五行擇日精義，（二）正五行擇日進階，（三）正五行擇日心法，（四）紫白全書。

後來，於二零零三年尾，深覺《正五行擇日精義》一書只適合較為內行人研讀，為求闡揚正五行擇日法，故再將此書重寫，因內容廣泛，故以：

《正五行擇日精義初階》及《正五行擇日精義中階》命名，更希望外行人都能閱讀明白，以致能靈活使用，使古代正五行擇日法，再不被視為神秘學問。

筆者在此一再強調：

（一）在書本上學懂了正五行擇日法，仍然會有出錯的機會，務必再隨明師學習，避免出錯。

（二）與人擇日用事，是給人家賜福，擇日者必須具有功德及福德力（持咒、佈施、善功、定力、迴向等），否則自己福份給了別人，自己遭殃，嚴重一些，更會連累家人，慎之！慎之！

寫一偈曰：

擇日精義　重演再次

願有緣人　古法得持

繼大師寫於香港明性洞天

甲申年仲春老君誕吉日

（一）「扶山、相主、補龍、擇日」釋義

繼大師

「擇日」是指時間之選取，「扶山」之「山」是指墳碑墓穴之坐山，或陽居之坐山，或神廟、神位、工作室之坐位、讀書房之坐位等，「補龍」之「龍」是指山脈地氣所凝聚之處，這稱為「山龍」，而山川支流水氣所凝聚之處則稱為「水龍」，「山龍」又可分為「平崗龍」及「山崗龍」，「平崗龍」又稱「平原龍」或「平陽龍」，「水龍」又即是「平洋龍」，是以水為龍。

無論何種龍脈，其聚氣處之穴位後方來脈處，稱之為「來龍入首」，或「到頭一節」，能尋龍點穴的地師，走到龍穴之入首來氣處量度其來氣之方向，看是在廿四山何格位置上，即是「龍來處」之向。

當知道來龍向度後，即可擇日造葬，或安龍神碑（以石碑安放在來脈處而使龍脈更能得旺氣），以日課干支之五行去生旺來龍氣脈之石碑，這叫做「補龍」。

以日課干支之五行去生旺墓穴之墳碑，這稱之為「扶山」。若日課生旺陽居坐山、神廟、家庭神位香案、工作或讀書之坐方等，均可視為「扶山」。

以日課干支之五行去生旺當事人或祭主（又稱福主）之出生生年干支（古法以生人之生年為主，如甲子年生，則以日課去生旺甲子干支之五行），這叫做「相主」。

以現代人來說，能懂得尋真龍點真穴的地師是非常少的，能夠點得真龍結穴而又能得真穴造葬先人，簡直微乎其微。因此正五行擇日法多用於「扶山」及「相主」，這是用「時間」生助「方位」，利用陰陽五行無形之力，生助現世生人使其得福，這就是擇日目的，也是利益眾生之法門，但日課之應驗也要視乎兩種東西，即是：

（一）巒頭——即所做屬何事，若造葬的話，穴之巒頭形勢所佔之力極大，其次是墳向碑向，再其次是擇日日課，日課之福力與龍穴成正比例，龍穴地氣愈盛，則日課之福力便引發穴之福力出來，日課約佔十分之一的力量。

若是入伙、開張、拜神，則要視乎陽居宅地之巒頭形勢而定，家庭之神位是否「藏風聚氣」及「逆收來水」等，這就是風水的範圍，是「地氣」及「方向、方位」兩者的關係，而祈福者所設置的香案，其坐向亦要顧及，以後方有靠，左右有護，前有明堂平地，堂外有關欄等，切勿犯上巒頭形煞，此是重點。

（二）理氣——巒頭得到有利位置後，其坐山向度要當旺，若非旺山旺向，也不要犯上坐向之煞，這亦是風水上之理氣，理氣派別有多家，筆者繼大師師承呂克明先生，以蔣大鴻、張心言所倡之六十四卦元空大卦審生旺向，以廿四山方位定其坐山五行，再以日課干支五行去生助廿四山之五行，但決非三合家之法，雖然三合家亦以此日課五行生旺廿四山坐向，但於立向安碑墳，三合家亦用一百廿分金線度，及天、地、人三合盤用作消砂、消水、立向，這決非三元六十四卦之三百八十四爻立向、消砂、消水、收山出煞之法也。

無論陰陽二宅，若以上兩點中之巒頭及理氣沒有犯煞，則用《正五行擇日法》去生助方位及祭主（當事人），這樣其福力便能引發出來，但若然在巒頭及理氣上有犯煞，則日課之力便不能邀福，不單只不能邀福，甚至凶事連連也，學者必須知其道理及福力之次第；亦不可迷信擇日法是萬能，若鼓吹正五行擇日法是天下無敵之大法，過於沉迷風水擇日之術，只會癡愚日深，難得正見。

在《沈氏玄空學》卷六，蔣大鴻地師弟子姜垚先生著《從師隨筆》（第八五八頁）內有云：

「師（指蔣大鴻地師）授以天星選擇（即七政四餘天星擇日法）謂之曰：巒頭不佳。理氣不合。天星亦無用。巒頭本也。理氣末也。天星末之又末也。」

此段所指，即是：

「以巒頭形勢為主，坐山向度為輔，擇日為助力。」

蔣大鴻地師雖然主張這論調，但他並沒有把擇日放棄，他在《天元歌五章》（武陵出版之「相地指迷」卷之二，第六十一頁）有云：

「地利天時古聖言。堪輿兩字義相連。浪說江南無大地。但取年月日時利。真龍大地遍江南。也要天時一力添。初年禍福天時驗。歲久方知地有權。」

此段說明，地利為主，應驗在後，擇日為助力，應驗在先，這見解是明白其「先後、輕重、次第」之實況，蔣氏亦未排斥擇日學，是真知其整個關係也。

正五行擇日法又可用於結婚、修造、入伙、安葬、動土、出門、開張、奠基、平頂、祭祀、簽約等事，至於細微之事，不可拘泥，這要視乎事之大小，有時好的日課用不着，這意味着內有另一些事所藏伏着，或事有變數，須用智慧分辨也。

寫一偈曰：

擇日風水
吉凶相隨
深明次第
福德可取

（二）選擇日課與人命、山命相配原則

繼大師

選擇日課之原則是先有人命及坐山，坐山包括房子的坐方、神位坐山及方位、墳碑坐山等。在選擇日課相配時，除要顧及坐山外，配人命時，要取人命之生年干支為主，日課不沖命宮及胎元，尤以女性的胎元為甚，此適用於擇日結婚日課上。

日課在相配人命上，坊間有三種相配法：

（一）以人命之年、月、日、時四柱八字為主，取日課生助八字之五行喜忌。

（二）以人命之出生日干支為主，取日課生助日元干支。

（三）以人命出生年之干支為主，以人命出生之月、時干支起出的命宮及胎元為次，取日課相配而生助之。

筆者承呂師之法脈，以第三種方法為用，在取用上是依古法的，在清、嘉慶十四年（公元一八零九年）胡暉先生著《選擇求真》（玄學出版社）卷二，論相生（第四十四頁）有云：

「相主者何。以四柱八字。輔相主人之命也。從來皆論生年。不論生日。有論生

日者。非古法也。」

綜合以上所論，筆者擇日在配人命取向上，其原則是：

（一）得師承之口訣
（二）依古法之法要
（三）筆者本人經驗

當然，擇日法門各師各法，各個不盡同，而擇日日課之干支五行，以生旺人命及山命為重，是古代陰陽五行學應用在時間上的一種智慧之學，而風水地理，則是「時間、方位、空間」所結合的陰陽五行學，其理源於被喻為是中國人的聖經——易經，而「正五行擇日法」只是其中一少部份而已。

擇日日課與人命及山命相配上，其日課本身要有下列原則：

（一）日課本身成格成局，本身不要互沖、互尅，喜化合生旺、同旺、比助，忌尅沖、洩破，以日課中的日元干支為要，其餘月、年及時干支相就而旺日元干支。

（二）日課之五行氣要同一氣或二氣相生，最多是三氣轉化而生，例如：陽曆二零三四年十一月十五日早上四時正，日課四柱是：

時	日	月	年
戊寅	乙亥	乙亥	甲寅
木↓	木↓	木↓	木↓

（甲寅、乙亥合木；乙亥、戊寅合木）

這是除時干「戊土」外，全是木氣，八字幾乎純木氣也。

二氣轉化之日課，例如：陽曆二零三四年十一月七日晚上八時正，日課四柱是：

時	日	月	年
庚戌	丁卯	乙亥	甲寅
火↓		木↓	木↓

（甲寅、乙亥合木；丁卯、庚戌合火）

這日課「庚時」干外，天干木火，地支「寅、亥」合木生「卯、戌」合火，是木火二氣相生之格局。

至於三氣的日課，只要由年干支順生經月干支到日干支，而時干支又反生日干支，則其五行氣在日干支上最旺也。

例如日課擇陽曆二零二三年二月廿八日下午二時，日課四柱是：

生　生

癸卯　年
甲寅　月
丁巳　日
丁未　時

生　生

日課年「癸」干水生「甲」木月干，再生「丁」火日干，時丁干火同氣，故以火為最旺；「卯」年支與「寅」月支同是木而生旺「巳」火日支，再生旺「未」時土支，是火土氣最旺也，天干地支又是同氣或相生，即「癸卯」年干是水，「卯」支是木，月干支是「甲寅」同旺木，日干支是「丁巳」同旺火，時干支是「丁」火，「未」支土；故此日課是年、月、日、時五行順生格局，是三種五行氣（水、木、土）轉而順生也。

以日課之五行去生旺人命及山命則吉，尅洩則凶，如以此火、土旺格日課，去生旺丁未人命，坐山是丁山，則人命、山命能得到日課之生助也，這就是正五行擇日法之原則也。

寫一偈曰：

五行干支　生旺得宜
人命山命　得福不遲

（三）廿四山坐山五行及補山、龍原則

繼大師

廿四山是四隅卦—乾、坤、艮、巽，八天干（除戊、己干）及十二地支所組成，各有五行陰陽所屬，茲列如下：

金——乾、庚、辛、申、酉。
木——巽、甲、乙、寅、卯。
水——壬、癸、子、亥。
火——丙、丁、巳、午。
土——坤、艮、辰、戌、丑、未。

在得知陽居或神廟、墳碑之坐山後，便可擇日用事，包括陽居之奠基、入伙，神廟中的神佛安座、入伙，墳碑之動土、安碑等等。

在擇日用事中，用十天干及十二地支，是時間上的五行。至于在方位上的五行，除戊、己土外，有廿個干支，加上四隅卦，即是廿四山。它們的分別是：

時間的五行代表——十天干、十二地支。

方位及坐向的五行代表—廿四山

擇日用時間干支的五行，去生助方位及坐山的五行，使當事人得取福份，這就是《正五行擇日法》的目的，坐山與日課的吉凶原則如下：

日課五行生助廿四山——印局吉

日課五行與廿四山同——同旺吉

日課五行被廿四山尅——財局中吉

日課五行尅沖廿四山——煞局大凶

日課五行生洩廿四山——食神局中凶

以廿四山坐山為主、為我，以日課生我或同我為吉，我尅日課為中吉，尅我者及我生者為凶。人命及山命相同。

寫一偈曰：

五行廿四山
日課生助旺
勿用沖尅洩
福份自可得

（四）各種日課格局

繼大師

在《正五行擇日法》中，因干支有五行生剋刑沖，使產生了多種組合格局，日課可單獨使用某種格局，或綜合使用，其干支五行，變化萬千，能使用精巧靈活，須花上一段長時間，約二、三年不等，但最重要的，就是能夠得到明師改正自己所擇之日課，始可進步及得其要訣。茲列出其各種格局如下：

天地同流格
天元一氣格
地元一氣格
三合局、半三合局
三會局
遙格（邀格）
拱格
合財格、官局、印局、比肩局、堆格
天干、地支三朋格及隔干隔支三朋格
食祿格
雙飛蝴蝶格
衝格
三奇格——天上三奇、地下三奇、人中三奇

三德叢集格
羅紋交貴格

以上各種格局，其變化來自干支五行之關係，即十神、陰陽五行之生尅刑沖、祿馬貴人、文昌、文曲、三德等組合，若熟讀筆者之《正五行擇日精義初階》則能研讀以上各日課格局，按步就班地學，定能有所成就。

寫一偈曰：

組合五行
變化格局
按步就班
必有所成

（五）天地同流格

繼大師

日課選取之中，假若其年、月、日、時之干支均相同，這稱為「天地同流格」，若要四柱均一樣，則並非每一個干支均能做到。用年上起月法，以十天干起出月令干支，其月支是與年相同的，則只有下列十二個，分析如下：

甲年干——以正月起丙寅，九月是甲戌，與甲年干同，故此若甲戌年便有甲戌月。

己年干——亦是丙寅起正月，四月己巳月與己年干相同，故此己巳年便有己巳月。

乙、庚年干——以戊寅起正月，三月是庚辰月，八月是乙酉月，所以庚辰年便有庚辰月，乙酉年便有乙酉月。

丙、辛年干——以庚寅起正月，七月是丙申，二月是辛卯，十二月是辛丑，故丙申年便有丙申月，由於辛年干之辛月在二月及十二月份，所以辛卯年有辛卯月，辛丑年亦有辛丑月。

丁、壬年干——以壬寅起正月，十一月起壬子，六月是丁未，所以壬寅年有壬寅月，壬子年有壬子月，丁未年有丁未月。

戊、癸年干——以甲寅起正月，五月是戊午，十月是癸亥，所以戊午年使有戊午月，癸亥年便出現癸亥月。

由於月令被年干所限制，所以，若要出現年、月、日、時四柱相同干支的話，只有以下干支是有可能出現的，即：

「甲戌、乙酉、丙申、丁未、戊午、己巳、庚辰、辛卯、辛丑、壬寅、壬子、癸亥。」

茲將由一八八五年至二零九二年間之「天地同流格」列表如下：

天地同流格表：

西曆		四柱干支				西曆		四柱干支			
年 月 日	時	時	日	月	年	年 月 日	時	時	日	月	年
1940・4・7	辰	庚辰	庚辰	庚辰	庚辰	1934・10・30 1994・10・15	戌 戌	甲戌	甲戌	甲戌	甲戌
1891・3・6 2071・3・22	卯 卯	辛卯	辛卯	辛卯	辛卯	1945・9・13 1885・9・27	酉 酉	乙酉	乙酉	乙酉	乙酉
1902・1・18 2082・2・2	丑 丑	辛丑	辛丑	辛丑	辛丑	1896・8・11 2076・8・27	申 申	丙申	丙申	丙申	丙申
1962・3・5 2022・2・18	寅 寅	壬寅	壬寅	壬寅	壬寅	2027・7・27 2087・7・12	未 未	丁未	丁未	丁未	丁未
2033・1・1 2092・12・19	夜子時 夜子時	壬子	壬子	壬子	壬子	1978・6・25 2038・6・10	午 午	戊午	戊午	戊午	戊午
1983・12・1 2043・11・16	亥 亥	癸亥	癸亥	癸亥	癸亥	1929・5・24 1989・5・9	巳 巳	己巳	己巳	己巳	己巳

現舉一「天地同流格」日課配山命及人命，其資料如下：

陽居或墳碑坐山：坤山艮向（坐西南向東北方）

祭主：丁未年命

日課：西曆二零三八年六月十日午時，日課四柱是：

戊午　年

戊午　月

戊午　日

戊午　時

首先，先查「戊午」年之凶煞方，避免有所沖犯，凶方如下：

三煞方——「壬、子、癸」三山

歲煞方——丑山

劫煞方——亥山

戊己都天煞方——「午、未」山

戊己都天夾煞——丁山

歲破凶方——子山

流年紫白星——七赤入中，五黃年星到「甲、卯、乙」東方「震宮」，二黑年星到「丙、午、丁」南方「離宮」。

六甲空亡——子、丑（人命及山命空亡）

戊午年之戊午月——流月紫白星四綠入中，五黃到「戌、乾、亥」西北方「乾宮」，二黑到「甲、卯、乙」東方「震宮」，所以年、月紫白星於「戊午」年「戊午」月在東方震宮是二、五交加，必損小口（對小孩最不利），是大凶方也。

以上之凶神煞方，如讀者不懂其起法，可在每年之通勝首二頁內「流年山向月利圖」內查知。

「戊午」年干支沖生人為——甲子、戊子、壬子，其次是：庚子、丙子年命生人。

掌握了方位神煞資料後，現再分析日課對「坤山」及「丁未」祭主年命之好處如下：

（一）「坤山」不在以上列出之凶煞方內，「戊午」日課之天干「戊」屬土，地支「午」屬火，火土一片，其氣極旺，「坤山」亦屬土，被日課生助，得其火土之五行氣也。

（二）丁未命中之「丁干」，丁之祿在日課四個「午」支上，雖日課四戊干被丁命生（火生土）而洩丁命，但日課之四「午」支是丁之祿而助旺，故不忌，「戊」為「丁命」之傷官，故此日課只助旺丁命之財祿，而並不旺權力，因傷官剋正官（戊剋壬，壬為丁之合官）。

（三）丁未祭主之「未」支與日課四個「午」支成六合，午、未合化日月，「午」支火又生旺「未」支土，「未」支土又與日課四「戊」干同屬土氣，同旺也。

（四）日課四「戊」干之後天陰貴人在「未」命支上，未人命能得貴人之助力也。

綜合以上所論，「丁未」祭主人命能得到日課之祿馬貴人相助，又得其火土五行氣之助旺力，坤山亦能得日課之生助，故日課能扶山相主也。

我們選擇「天地同流格」，而它有一個特性，就是五行氣是純一的，故發旺時極旺，遇有沖剋就極凶，故擇此格局，切不可犯上三煞、五黃、歲破、都天等煞，若犯上以上凶方，則日課便坐旺凶煞，使其更凶。

其二，若造葬祖先是葬墳安碑，由於死人造葬之日課，如同生人之出生時辰，故要囑咐祭主等人，切勿在與「天地同流格」之干支相沖年份上懷孕生子，否則會夭折的，以上一例為例，「戊午」日課干支沖「甲子、戊子、壬子、庚子、丙子」，除造葬時不可有這五個干支生年生人在現場外，另外祭主之眷屬，其年命亦不可有此五個相沖年份之生人，若造葬後始發覺有相沖之後代，有尅應則會首當其衝，此點切要留意。

其餘各天地同流干支格局則如此類推。

寫一偈曰：

天地同流
日課難求
避犯凶方
發福長久

（六）天元一氣格

繼大師

日課年、月、日、時之天干完全相同，稱之為「天元一氣格」，在天干之十神關係中，日課天元一氣發生重大作用，它可生助或同旺於同天干之坐山或人命，例如日課擇於西曆二零二三年九月廿三日下午六時（酉時），日課四柱是：

乙巳　年
乙酉　月
乙未　日
乙酉　時

日課四乙干成「天元一氣格」，乙干屬木，屬木之廿四山是「同旺局」，即是：

木——甲山、乙山、寅山、卯山、巽山。

木是生火的，故屬火之廿四山能被乙木所生，即是「印局」，是：

火——丙山、丁山、巳山、午山

木、火之廿四山方共有九個，最適合配此四乙干之日課，除「巽、巳」二山剛好流月紫白五黃到方位之外，其餘七山均可使用（可參考筆者繼大師所著之《紫白全書》），

（由於寅、申、巳、亥年正月二黑入中，逆排至未月六白月紫白入中順飛，五黃月紫白到巽宮）。

乙巳年之三煞方在「甲、卯、乙」三山，故不可犯，因此可以修造的山方只有「寅、丙、午、丁」，而乙巳年之都天煞方在「午、未」二山，夾煞都天在「丁山」，所以，真正可以修造之山是：「丙、寅」二山。

我們在未擇日用事之前，應將筆者著之《正五行擇日精義初階》詳讀，進而避免犯上煞方。假若犯上煞方，可從吉方修起，或用吉神制煞，是擇吉日吉時有大吉之吉神用事也，而這「日課格局」只是日課干支之五行理論分析，用以學習擇日法而設論的，讀者宜熟讀。

以上之「天元一氣格」日課，若配上祭主人命，可選配下列干支生人如下：

同旺人命——乙巳、乙酉、乙未。不可取「乙亥」，是沖乙巳太歲地支，不可配「乙丑、乙卯」命，因沖月、日、時之地支，亦不可配甲干人命，甲干是乙干之劫財，故不吉。

正印人命——丙申、丙子，次取丙寅、丙辰、丙午、丙戌，因日課四乙干為丙干命之正印。

若日課配人命，其範圍比配坐山為大，因日課配人命是時間五行配時間五行，而日課配坐山是時間五行配方位五行，一有方位，則便與日課之太歲、月、日、時之五行而產生煞方，故其選取方位配日課，更需多多兼顧，故若擇日嫁娶、出門、上任、上學、宴會則毋須兼顧廿四山方位，最多是以八大宮方向行事吧！

因此，正五行擇日法配人命法——只是時間五行學。

正五行擇日法配人命再加上方位——便踏入風水之五行學範圍。

綜合以上四乙干之天元一氣格日課，配最佳之人命及坐山（山命）是：

坐山——丙、寅。

人命——丙申、丙子。

但是若丙申命不可配上寅山，因「申」人與「寅」山對沖，寅坐山得日課相助後不能生助「申」命人，所以，日課、人、坐山三者關係要相配，而福份之次第亦可從三種關係上得知。

此日課可分下列兩種配搭：

（一）四乙干日課配「丙山」及「丙申」人命。

（二）四乙干日課配「寅山」及「丙子」人命。

配搭（一）之好處分析如下：

日課四乙干生助「丙山」及「丙」干人命，日課地支「酉、巳」半三合金而生助「申」支人命，丙山及丙人命之貴人到日課之月、時「酉」支上，而日課之四乙干的貴人到「申」人命，是互相為貴人，無論「五行氣」或「貴人」皆可從日課中得到，是上吉之配搭也。

配搭（二）之好壞分析如下：

日課四乙木雖生助寅木，但乙之陽刃在寅，陽刃主血光，故不相配，而日課地支金土氣重，亦不利寅山，不能達到扶山目的。

日課在配「丙子」人命方面，日課四乙干陰木生助陽丙干火，是正印局大吉，「子」支人命被日課「巳、酉」半三合金所生助，雖「未」土剋「子」水，一個剋支不忌，而又有金支之生助，故吉。

日課四乙干之貴人到「子」支人命，「丙」人命之貴人又到日課之月、時「酉」支上，互相為貴人，故大吉。

從以上兩種配搭中，可得出一結論，就是：

「四乙天元一氣格配「丙山」及「丙申、丙子」人命是最佳的選擇。」

寫一偈曰：

擇日繁複
選取精細
五行祿貴
相配非易

（七）地元一氣格

繼大師

在日課四柱中所有地支均相同稱之為「地元一氣格」；例如日課擇於西曆二零二三年三月十日早上六時正，日課四柱是：

癸卯　年
乙卯　月
丁卯　日
癸卯　時

日課本身格局除地支四卯外，年、時之「癸」干，其貴人全在「卯」支上，其五行氣以癸水生「乙、卯」木為主，木氣尤盛，配以卯山修造或修方或陰陽二宅坐卯山而入伙、安葬、奠基、平頂、開張則最適合，日課卯木一氣生助「丙、巳」陽火，若坐山是「丙、巳」則被卯陰木生助，以「丙、巳」山計算，則日課四卯陰木支為「正印格」，卯山為「同旺格」，均可適合配用。

此日課可配「卯、巳」支命人，以「癸卯、乙卯、丁卯」為佳，一般五行理論是，在日課中不能出現兩個七煞剋命，即日課兩癸水剋丁火，當有兩癸水日課配丁命就得兩個七煞，但剛好此日課能將五行轉化而為丁命所用，這因為癸年干水生乙月干木，乙干木再生丁日干火，丁日干火雖被癸時干水所剋，但丁日干火，其被生大於被剋，而地支又是卯木一氣，故丁火為旺，故不忌，這樣，若配「丁卯」生年人命是最好的。

以上之分析，讀者要熟記干支五行生尅的吉凶關係，然後再細分其五行可被轉化否，這點非常重要，最好是能陽陰相生，最壞的是陽尅陽及陰尅陰。

地元一氣格局，以地支為主，地支的力重，天干之力較輕，當配上坐山方位時尤明顯，通常以天干日課配以天干之坐山，地支日課配以地支之坐山，也有日課與坐山之干支互配，只要能得陰陽互生即可，在干支之十神（又即六神）關係必須熟記。

由於地支一氣力強，若是造葬先人墳碑，在造葬時除沒有相沖之生人在場外，後代最好沒有相沖之人命出現，若有的話，其人便未能盡得地靈之助力也，也可能應凶的事而不能得吉應。以上一日課為例，四卯支極強，後代若有「辛酉、己酉、乙酉、丁酉、癸酉」生年等人則不吉，若沒有此等生人後代，在造葬後，亦囑咐其祭主後代不能在這五個酉支年內懷孕生子，否則易夭折，或不能養大，或生後夭折等。

當擇此地元一氣格日課的時候，切記不可犯上此日課的對沖方，名「歲破方」及其「三煞方」，以「癸卯」年歲支為例，「酉」方西方被日課四卯正沖為極大凶的，而「酉」方又是癸卯年三煞方「庚、酉、辛」之中位，歲破逢三煞，焉有不凶呢！另五黃二黑紫白流年流月之洛書九星、戊己都天全要避開，即：

「癸卯年年五黃紫白在乾宮西北方，月五黃在坎宮北方，戊己都天在午、未二山，夾煞都天在丁位。」

這些凶位必須留意，若擇日未牽涉方位的，則不需理會。

以上地元一氣格「癸卯年乙卯月丁卯日癸卯時」可配下列之坐山及人命組合：可配「壬午、癸卯、癸巳、乙卯、乙巳」祭主年命，再選配「卯山、乙山、巳山、丙山」均可。

配壬午命，則壬命干之貴人全到日課四卯支上，四卯木支生午命，卯為午命之偏印（即梟神——陰木生陰火）偏印較正印為弱一些，因梟神奪食，所以並不太適合午命，此是唯一的大缺憾，壬命干支水生四卯支木，是洩壬命之氣，表面上「壬午」命是可以，但事實上不太適合，雖然壬命有四卯支之貴人關係，以五行氣而論則較為遜色也。

日課配癸卯命，此命干支與日課之年、時干支相同，地支四卯同旺人命，癸干年命之貴人到日課四卯支上，日課年、時兩癸干之貴人到卯命支上，互為貴人及同旺，故配之大吉。

日課配癸巳命，癸命與日課年、時干相同而助旺命干，癸干之貴人到卯及巳，故人命與日課是互為貴人關係，日課四卯支陰木生巳支陽火人命，是巳支人命之四正印，極旺人命，配之大吉。

日課配乙卯人命，卯支與日課四卯支同旺，日課年、時癸干之貴人到卯支人命，乙干人命之祿到四日課卯支上，乙卯人命與日課月柱干支相同，亦是同旺，日課兩癸干雖是乙干人命之梟神，但兩個則不忌，故配之大吉。

日課配乙巳人命，日課乙月干同乙干人命同旺，乙人命之祿到日課四卯支上，日課兩癸干之貴人到巳支人命上，是互為祿貴，無論以五行氣或貴祿而論皆適合，日課兩癸干為乙干人命之兩梟神則不忌，故乙巳人命相配此日課是大吉之配搭也。

卯山命配此日課是同旺局，日課四卯大旺卯山，日課兩癸干生卯山，乙月干之祿到卯山，雖日課丁干被卯山所生，仍不算是洩山，因日課卯木氣大盛也，配之大吉。

乙山命配此日課，則乙山之祿全到日課四卯支，是乙山之「聚祿格」，日課乙月干與乙山同旺，兩癸干又生助乙山，配之大吉。

巳山命配此日課，則日課四卯陰木支生巳陽火支，是巳山之「正印格」，日課丁日干雖其陽刃到巳山，而一個則不為忌，日課兩癸干之貴人到巳山，無論貴人或五行氣而論均可以，故相配大吉。

丙山命配此日課，則日課四陰卯木生丙山陽火，是丙山之「正印局」，生旺丙山，日課乙月干生旺丙山，兩癸干雖尅丙山，然而是陰尅陽，癸干是丙山之正官，兩個正官不忌也，丁日干火是丙山之劫財，一個劫財在有四卯木支之下是不忌的。

丙山之貴人到「酉」支，酉支正沖四卯支，這樣，丙山與日課四卯支的關係是「沖貴格」，是貴人由外而到，是吉星，無論是五行氣或貴人來說均是大吉的。

以上之日課配山命、人命論，筆者繼大師只論其吉的地方，沒有以凶山凶人命而論日課，讀者若用心研讀，則可舉一反三，定可知其大吉之選配。寫一偈曰：

地元一氣
五行不雜
合與貴祿
屋潤家肥

註：

此四柱日課之年、時「癸卯」干支，其所屬「甲午」旬內干支，其空亡是「辰、巳」二支，若配「巳」山命或人命是山空、人命空，空則福力減半，所幸者，是出現於年、時二柱上，而日課以日柱之力較大，月、年二柱次之，故此「巳」屬於太歲年上之空亡，雖相配此日課大吉，然而略為遜色，但不是在日柱中之空亡，故仍可取，空亡應福力減半，取日課時宜留意也。

（八）天干三朋格、隔干三朋格

繼大師

在擇日格局中，除天干一氣格外，亦可擇天干三個相同，或三個相連，或三個分隔一位，相同天干三個相連稱為「天干三朋格」，若三個相同天干相隔任何一干出現，稱之為「隔干三朋格」，兩格中以天干三朋格為優，隔干三朋為次。

擇「天干三朋格」日課並不困難，每年每月均能擇取，只要得知該年的每月干支，便可擇取相同天干之日、時配合，例如在西曆二零二三年，由二月四日起交立春節起寅月，二零二三年是「癸卯」年，正月是「甲寅」月，十一月是「甲子」月，兩天干均相同；二月是「乙卯」月，十二月是「乙丑」月，兩天干亦相同，若擇取天干三朋格，以「甲、乙」為干，則在此年之兩個月份內，均可擇取。

茲列出二零二三年癸卯年內每月之天干三朋格如下：

西曆		四柱干支				西曆		四柱干支			
年　月　日	時	時	日	月	年	年　月　日	時	時	日	月	年
2023・8・10	辰時	庚辰	庚子	庚申	癸卯	2023・2・15	初子時	甲子	甲辰	甲寅	癸卯
2023・9・20 (月破) (破時)	卯時	辛卯	辛巳	辛酉	癸卯	2023・3・8 (破時)	酉時	乙酉	乙丑	乙卯	癸卯
2023・10・21	寅時	壬寅	壬子	壬戌	癸卯	2023・4・8	申時	丙申	丙申	丙辰	癸卯
2023・11・21	初子時	壬子	癸未	癸亥	癸卯	2023・5・9	未時	丁未	丁卯	丁巳	癸卯
2023・12・12	初子時	甲子	甲辰	甲子	癸卯	2023・6・9	午時	戊午	戊戌	戊午	癸卯
2024・1・12 (破時)	酉時	乙酉	乙亥	乙丑	癸卯	2023・7・10	巳時	己巳	己巳	己未	癸卯

在以上十二個天干三朋格中，以西曆三月八日酉時為破時，九月廿日卯時亦是破時，兼是破月沖太歲，二零二四年西曆一月十二日酉時亦是破時，故不取用。

在以上辰月中之天干三朋格，以「三丙」排在月、日、時上，除與太歲「癸」干成水火相剋外，地支兩申金亦被丙火剋，若以「丙申」干支同在一柱論，本身是火金已相剋，而地支「辰、申」半三合水局，並是水火相剋，日課本身是火金，已經相剋，故亦不取用。

以上日課中，以正月天干三甲干，地支日、時之「辰、子」半三合水局，年、月地支是「寅、卯」木，太歲癸干水，是「水木」二氣相生之局，故可取；而子月之三甲干，亦與此相同。

午月之三「戊」干及未月之三「己」干，是火土氣強，但加雜了木、水之雜氣，故不純正，且三己剋太歲癸水不吉，但若配金人命及山命亦可，這要選用合適才可，而「戊午」月與太歲「癸卯」化合火局，而「卯、午」支是木生火，其餘「午、戌」支又半三合火局，故是火土一氣之強局，在選取火土局時要小心，切不可犯上「五黃、三煞、土符、土王用事、戊己都天煞」等土煞，因火土氣之日課，若一犯上土煞方，則更加生旺土煞，故選用火土局日課時，要特別小心留意。

癸卯年之三煞在「庚、酉、辛」，戊己都天及夾煞在「午、未、丁」，流年紫白五黃在「戌、乾、亥」乾宮西北方，月紫白五黃在「巳」月入中宮，故宜避開各煞方和在「巳」月用事。

舉一「天干三朋格」為例，若有祭主「乙丑」年生，修造「寅山申向」，擇於西曆二零二三年十二月十二日初子時，日課四柱為：

癸卯　年

甲子　月

甲辰　日

甲子　時

日課月、日、時同是甲干，是天干三朋格，太歲癸水生甲陽木，地支「子、辰」半三合水局，是水木旺局。在配上「乙丑」年命及「寅山」山命，其好處如下：

（一）日課三天干「甲」木之祿到「寅」山命上，是聚祿格，日課地支「子、辰」半三合水局，雖月、時之「子」支爭合「辰」支，但「子」月支生「卯」年支木，而「子」時支與「辰」日支較有化合之力，故此「辰日」與「子時」成半三合水局，「十月」水生旺「卯年」木支，而半三合水局生旺「寅」木支山命，故配山大吉也。

（二）日課配「乙丑」年祭主人命，乙命干之貴人到日課之「子」月、時支上，而日課三甲干之貴人到「丑」人命，是日課貴人到命也，「丑」人命又與「子」月、時支成六合，亦屬北方，故水土同宮旺局，雖然日課三甲陽木是乙命陰木之劫財，但有日課之癸水生乙木人命，有生有洩不為忌也。

此日課亦可配「甲」命干人命，以「甲子、甲辰、甲申」最好，「甲寅」人命亦可，切不可配「甲戌、甲午」人命，因命支正沖日課地支，故不配取。

此日課本來可配甲山，但因在子月，年、月紫白二、五交加臨東方震宮，故不能取，若不以紫白來論，「甲干」是乙山之劫財，甲之陽刃在卯山，故「乙、卯」二山不能相配此日課。

若「癸丑」年生人祭主，修造「巽山」，亦可使用此日課，其好處如下：

(一)癸丑年生人，癸干與太歲癸干相同而同旺，癸干屬水，日課地支「子、辰」半三合水局，亦屬同旺局；日課三甲干之貴人到丑人命，丑命合日課子支，癸命之貴人到卯歲支，故配之大吉。

(二)巽山屬木，日課三甲及地支半三合水局大大生旺巽山，癸年命干之貴人到巳、卯，而「巽、巳」是廿四山之雙山五行，故癸年命干及癸年干之貴人到巽山，是歲貴及命貴到山，故相配大吉。

天干三朋格雖沒有天元一氣之格局那樣「氣專」，但亦要注意相沖剋之命，如戊人或屬土之山便要相避，戊年亦要注意，其餘干支如此類推。

在「隔干三朋格」中，以月隔年干及日隔時干為主，如西曆二零二三年三月廿六日晚上十時正，日課四柱為：

（一）癸卯　年
乙卯　月
癸未　日
癸亥　時

或如西曆二零二三年十一月十日早上六時正，日課四柱為：

（二）癸卯　年
癸亥　月
壬申　日
癸卯　時

日課隔干三朋與人命及山命之配法，與天干三朋相配用法相同，若沒有特別理由，取隔干三朋格倒不如取天干三朋格，這是由於祭主需要在指定日期內用事，故迫不得

矣而取用之，亦是權宜之法，擇者可作多一些的選擇也。

寫一偈曰：

連干隔支

三朋到訪

人山命格

配者吉藏

（九）地支三朋格、隔支三朋格

繼大師

日課四柱中出現相連之三個相同的地支為「地支三朋格」，若隔一地支而有三個相同為「隔支三朋格」，地支三朋較為易取，每月均能擇取，例如每年正月取寅日寅時，卯月取卯日卯時，則地支便成三朋格，每月均能選取。

在隔干三朋格上，一般只有月支與年、日、時支不同，及日支與年、月、時支不同，例如子年除在子月外，取子日子時，或在子年取子月，除日支不是子日外，取子時，便成隔干三朋格。

地支三朋格與隔支三朋格取法差不多一樣，這只有在取天干上有分別，要配合是否有貴人到支，天干之五行氣如祿馬等是否得到，再配合祭主生年命及坐山山命便成。

茲列出西曆二零二零年庚子年內之「地支三朋格」表如下：

西曆		四柱干支				西曆		四柱干支			
年　月　日	時	時	日	月	年	年　月　日	時	時	日	月	年
2020・9・2	申時	甲申	戊申	甲申	庚子	2020・2・17	寅時	戊寅	庚寅	戊寅	庚子
2020・9・15	酉時	丁酉	辛酉	乙酉	庚子	2020・3・13	卯時	己卯	乙卯	己卯	庚子
2020・10・22	戌時	壬戌	戊戌	丙戌	庚子	2020・4・19	辰時	甲辰	壬辰	庚辰	庚子
2020・11・16	亥時	癸亥	癸亥	丁亥	庚子	2020・5・14	巳時	乙巳	丁巳	辛巳	庚子
2020・12・23	申時	甲申	庚子	戊子	庚子	2020・6・20 (歲破)	午時	庚午	甲午	壬午	庚子
2021・1・17	丑時	丁丑	乙丑	己丑	庚子	2020・7・15	未時	辛未	己未	癸未	庚子

在選擇日課上，其程序是先有祭主人命及坐山之方位，再推算其流年之五行及煞方，若祭主己定了用事之期限而剛剛是犯煞的，則擇日先生要告知祭主，給一些擇日上之意見，以免用事後而發生凶事給予負責。

例如有祭主「乙丑」年命，修造「申山」或「申方」，想在二零二零年午中動工或入伙或造葬。現擇於西曆二零二零年九月二日下午四時正，日課四柱是：

庚子　年
甲申　月
戊申　日
甲申　時

此日課之月、日、時地支是申，三申相連成地支三朋格，天干「甲、戊、庚」是天上三奇格，三奇格會容後詳論。

首先論本身日課之好處如下：

（一）天上三奇「甲、戊、庚」貴格，兼地支三朋格，年支「子」與三申支成半三合水局，聚三格於一身。

（二）庚年干之祿到月、日、時之三申支上，是歲祿也，亦是日課本身之聚祿格。

其次論此日課配「乙丑」命祭主其好處如下：

（一）日課「戊、庚」及兩「甲」干之天乙貴人全部到「丑」人命地支，是天上三奇貴人到命。

（二）人命「乙」干之貴人到日課之「子」及三「申」支上，與日課互為貴人，「乙丑」人命與「庚子」太歲合，「乙、庚」干合金，「子、丑」支合土，且土生金，相生格，配之大吉。

再者論此日課配「申」方之坐山，其好處如下：

（一）日課年干「庚」之祿到「申」山，歲支「子」與「申」山成半三合水局；日課三「申」支與坐山相同，助旺坐山，是同旺局。

（二）「乙丑」人命之「乙」干貴人到「申」山。

以上之人命、山命與日課等配合均非常吉祥，是年申山雖沒有犯上諸煞凶神，但要留意在此日課用事的時候，並沒有寅年生人，其次是「午」年生人在現場出現，因「申」正沖「寅」支，歲支「子」正沖「午」支，若是造葬祖先陰墳或穴放骨殖於申山寅向，則要囑咐其後代不要在寅年懷孕生子，易夭折也，如「丙寅、壬寅」其次是「甲寅、戊寅、庚寅」年，最好是在「申、辰、子」三合年中生子，則子孫受此日課相助，倍增一些福份也。這當然墳穴之巒頭形勢及理氣綫度立向要沒有犯煞始可以，否則日課先應一些吉事，然後凶事後應，這是福份之次第先後，擇日風水師均要能清楚明白，始可為人作福，否則福未到而禍先行也，切記！切記！

而陽居之入伙、安神、開張則並沒有陰宅墳穴那麼嚴重，因為沒有地氣吉凶之力所左右，此點宜留意。

若以上之「乙丑」人命及「申」山山命，並可擇「隔支三朋格」，如擇同一年，即西曆二零二零年十二月卅一日晚上十一時半（夜子時），日課四柱是：

庚子　年
戊子　月
戊申　日
甲子　時

此日課配以「乙丑」年人命則大吉，其好處與上一例差不多，亦是「甲、戊、庚」之貴人到「丑」人命支，「乙」干人命之貴人到日課各「子、申」地支，互為貴人，「丑」

人命支與日課「子」支成六合化土，大吉之配搭。

隔支三朋格若配「申」山，則較為遜色也，但亦勉強可取，因為日課地支三「子」屬水，雖與「申」山成半三合水，然而「申」金是長生，子是旺，故申金生子水，雖半三合，但仍洩「申」山少許氣也，若配上「子」支坐山，則非常吉祥，因「子」山與日課同旺，亦是「乙」干人命之貴人，「子」山配祭主人命上與「申」山並沒有分別，但在配此日課時，「子」山更為具優勢，故配之大吉。

擇日之法，志在變通，當明瞭每一個格局後，會發覺它們是大同小異的，熟用後便可靈活使用。

寫一偈曰：

支局三朋
人山五行
貴祿相配
得傳者能

（十）隔柱干支三朋格、干支三朋格

繼大師

在古法日課例中，並沒有隔柱干支三朋格，只有隔干或隔支三朋格，但是，若在天地同流格中，其中一柱干支不同，即有三柱干支相同，則不減日課之助力也。依照隔干或隔支三朋格之原理，可引伸到干支三柱內，即除月干支不同外，其餘年、日、時之干支可相同也。這是以「天地同流格」所演變出來的，擇日法不重格局，志在變通而達成「扶山相主」的目的便可。

隔柱干支三朋格，若以甲子年為例，只要在甲子年內出現有甲子日，則甲子日內必有甲子時，每年平均有三百六十五日，一個花甲有六十日，一年則有六個花甲，故此，若在甲子年內，就有六個甲子日出現，故在甲子年內，便會出現有六個「隔柱三朋格」。

茲列出二零四四年甲子年內六個「隔柱三朋格」如下：

二零四四年甲子年內之隔柱三朋格表：

西曆				四柱干支			
年	月	日	時	時	日	月	年
2044	3	16	初子時	甲子	甲子	丁卯	甲子
2044	5	15	初子時	甲子	甲子	己巳	甲子
2044	7	14	初子時	甲子	甲子	辛未	甲子
2044	9	12	初子時	甲子	甲子	癸酉	甲子
2044	11	11	初子時	甲子	甲子	乙亥	甲子
2045	1	10	初子時	甲子	甲子	丁丑	甲子

以四柱中的「日上起時法」，甲日起甲子時，丙日起戊子時，戊日起壬子時，若要日柱干支與時柱干支相同，則「甲子」日要在子時之「甲子」時，「丙申」日要在申時之「丙申」時，「戊午」日要在午時之「戊午」時……再將年柱配合，則甲子年內六個甲子日之甲子時，「丙申」年內六個「丙申」日之「丙申」時，「戊午」年內六個「戊午」日之「戊午」時，如此類推，則便可找出有可能出現之隔柱（隔月柱）干支三朋格也。

茲列出能出現隔柱三朋格之日課表如下：

四柱干支 年	月	日	時
甲子	月內出現之甲子日	甲子	甲子
甲戌	月內出現之甲戌日	甲戌	甲戌
丙申	月內出現之丙申日	丙申	丙申
戊午	月內出現之戊午日	戊午	戊午
庚辰	月內出現之庚辰日	庚辰	庚辰
壬寅	月內出現之壬寅日	壬寅	壬寅
壬子	月內出現之壬子日	壬子	壬子
乙酉	月內出現之乙酉日	乙酉	乙酉
丁未	月內出現之丁未日	丁未	丁未
己巳	月內出現之己巳日	己巳	己巳
辛卯	月內出現之辛卯日	辛卯	辛卯
癸丑	月內出現之癸丑日	癸丑	癸丑
癸亥	月內出現之癸亥日	癸亥	癸亥

日課中，亦可出現月、日、時之干支三朋格，即除年柱外，其餘三柱均相同，如甲干年出現之己巳月、己巳日、己巳時，己干年出現之甲戌月、日、時，茲列出干支三朋格表如下：

干支三朋格表：

四柱干支						四柱干支					
時	日	月	年			時	日	月	年		
乙酉	乙酉	乙酉	庚寅	庚辰	庚午	甲戌	甲戌	甲戌	己丑	己卯	己巳
			庚申	庚戌	庚子				己未	己酉	己亥
丁未	丁未	丁未	壬辰	壬午	壬申	丙申	丙申	丙申	辛卯	辛巳	辛未
			壬戌	壬子	壬寅				辛酉	辛亥	辛丑
己巳	己巳	己巳	甲申	甲戌	甲子	戊午	戊午	戊午	癸巳	癸未	癸酉
			甲寅	甲辰	甲午				癸亥	癸丑	癸卯
辛卯	辛卯	辛卯	丙戌	丙子	丙寅	庚辰	庚辰	庚辰	乙酉	乙亥	乙丑
			丙辰	丙午	丙申				乙卯	乙巳	乙未
癸丑	癸丑	癸丑	戊子	戊寅	戊辰	壬寅	壬寅	壬寅	丁亥	丁丑	丁卯
			戊午	戊申	戊戌				丁巳	丁未	丁酉
癸亥	癸亥	癸亥	戊子	戊寅	戊辰	壬子	壬子	壬子	丁亥	丁丑	丁卯
			戊午	戊申	戊戌				丁巳	丁未	丁酉

日課若取年、月、日三柱相同，而時柱干支不同，這與天地同流格之方法是一樣的，故在此不重述，而日課之年、月、時干支相同，日柱干支不同，這種隔柱干支三朋格亦與天地同流格大同小異，故亦不重述，其出現的可能性亦受到限制，與同流格

相同，而選取日課的時候，如無特別用意，在選時干支上，亦不會選與年、月、日干支不同，這是運用上的手法有異也；有一些日課是只有三柱相同而時柱不同的，因受排時干支法之限制也。

例如擇二零八二年西曆二月二日，而立春日在二月四日十八時十四分交入二零八二年，因未到立春，故仍屬二零八一年「辛丑」年干支，其年、月、日之干支均是「辛丑」，但因在「辛丑」日是排出「辛卯」時的，故不能成天地同流格，在取時方面，可取其貴人、祿時之干支，茲列表如下：

二零八二年二月二日				
四柱干支				
時		日	月	年
(一)	初子時 戊子	辛丑	辛丑	辛丑
(二)	庚寅	辛丑	辛丑	辛丑
(三)	甲午	辛丑	辛丑	辛丑
(四)	丁酉	辛丑	辛丑	辛丑
(五)	戊戌	辛丑	辛丑	辛丑
(六)	夜子時 庚子	辛丑	辛丑	辛丑

在辛丑日取時上，時干「甲、戊、庚」之貴人在丑，而辛之貴人在「午、寅」時支上，辛干之祿在「酉」時支上，故以「初子時、夜子時、寅、午、酉、戌」等均是好時辰。

在這六個日課時辰中，最好配「丑」山山命及「辛酉」年人命，以酉時用事最好，四柱是：

辛丑　年
辛丑　月
辛丑　日
丁酉　時

日課本身年、月、日三辛干之祿聚於酉時，故酉時極旺，地支丑支與酉支成半三合金局，丑支為金庫，故四柱中七個干支屬金，只是時干一點丁火，故丁火不單只不能剋金，甚至被眾金所囚。

此日課配「丑」山山命，是同旺丑山格局，三辛金同旺金，「丑」與日課酉時支成半三合金局，大旺丑山。

日課配「辛酉」人命是最好不過的，日課三辛干同旺「辛」人命，日課三辛干之

祿又到「酉」人命，是同旺兼聚祿格，「酉」人命又與日課三丑支半三合金局，非常旺也。

本來此日課配「酉、辛、乾」山是最好不過的，因是同旺金局，但流月紫白三碧入中，五黃到「庚、酉、辛」兑宮，戊己都天夾煞又在「乾」山，故宜避之。

此日課亦可選配「壬」山，「壬」山是陽水，三辛干陰金生陽水是印局。「亥」山是都天煞，故不宜，「癸」山是陰辛金生陰癸水成梟神局，梟神奪食，故不宜相配，「子」山屬陰水，其理相同，故能選配此日課之坐山只有「壬、丑」二山最好。

寫一偈曰：

三朋三柱
四柱二如
變通巧妙
配法無殊

（十二）日課六神配山命人命法

繼大師

日課十天干十二地支各有陰陽五行之變化而產生有十種關係，稱為「十神」，即：

正印──陽生陰，陰生陽，異性生我者為正印。

偏印──陽生陽，陰生陰，同性生我者為偏印。（偏印又稱梟神）

比肩──同陰陽，同我者為比肩。

劫財──不同陰陽，異性之同我者為劫財。

傷官──異性之生，我生異性者為傷官，陰生陽，陽生陰。

食神──同性之生，我生同性者為食神，陽生陽，陰生陰。

正官──異性之尅，尅我者為正官，陽尅陰，陰尅陽。

七煞（偏官）──同性之尅，尅我者為七煞，陽尅陽，陰尅陰。

正財──異性之尅，我尅者為正財，陽尅陰，陰尅陽。

偏財──同性之尅，我尅者為偏財，陽尅陽，陰尅陰。

這些干支關係，在批命取格局時，比肩、劫財不為格，古來以「正財、正印、食神、傷官、七煞、正官」為主，故稱之為「六神」。

日課之干支同氣各類格局中，以「正印格」能生助祭主及坐山，以「比肩」能同旺祭主及坐山，這在用法上與批命用法不同，以「正財」之日課能被坐山所尅，能被坐山或來龍入首將結穴之一節來脈方向所尅，為坐山來龍所用，這樣便能洩坐山龍向之氣，若坐山來龍在巒頭形勢上帶煞（有亂尖之石，形似劍等），則以日課干支五行被坐山來龍之干支五行所尅，這樣，日課財局便能消洩坐山來龍之煞氣也。

日課「財局」，不能被祭主人命干支來尅，尅則洩祭主干支人命之五行氣，故「財局」日課多適用於坐山來龍帶煞之情況，古人稱為「雄龍帶煞」；老實說來，以現代人來說，有幾多地師能真真正正有尋龍點穴的真功夫呢！就算能真得點穴直功夫，又是否能真懂得量度來龍向度呢！又是否懂得分別出是「雄龍帶煞」呢！故此理論歸於理論，實際上，日課之「正財局」只是有限度地使用。

祭主人命干支尅日課干支而產生一或兩個正財或偏財則不為忌也，以祭主之年命干支為我，若多於兩個財，則洩祭主年命五行氣，多洩則不宜，此點切記！

舉一日課例子，若擇日課於西曆二零二零年九月二日下午四時用事，日課四柱為：

庚子　年
甲申　月
戊申　日
甲申　時

比肩格

此日課配「甲申」年命人，則日課三「申」支是比肩同旺，日課兩「甲干」亦是比肩同旺，若相配，以人命「甲申」干支來說，是「比肩同旺局」。

合財局、合官局

此日課配「己巳」年命人，則日課三「申」支與「巳」支人命成六合水局，以「巳」人命來說，日課「申」是被巳命支尅而化合，故是「合財局」，而「己」干人命被日課兩甲所合（甲己合化土），以「己」干人命來說，是合官格也。

聚貴格

配「己巳」人命雖合以上兩格，但「巳」尅日課三「申」支，是洩「巳」命之火氣，唯一可取的，是「己」干人命之貴人全在日課之「子、申」四支上，是得貴人助力，故配之為「吉多凶少」，未為不可的。亦為「聚貴格」。

正印格

此日課若配「甲子」人命，則「甲」干是同旺局，日課三「申」支與「子」支人命成半三合水局，而「申」陽金生「子」陰水，以「子」人命來說，是「正印格」，「子」命又與日課「子」歲支相同，故配之大吉。

若配「庚子」人命，則「庚」干人命之祿到日課之月、日、時三「申」支上，稱之為「聚祿格」，「庚子」人命又與日課年干支相同而助旺，故配之大吉。

聚祿格

若配「庚子」人命，則「庚」干人命之祿到日課之月、日、時三「申」支上，稱之為「聚祿格」，「庚子」人命又與日課年干支相同而助旺，故配之大吉。

破格、沖格、煞格

此日課若配「戊寅」人命，則「戊」干人命雖與日課「戊」日干同，但被月、時兩「甲」干所剋，「戊」干人命之七煞為「甲」，以兩七煞一比肩，可算是得一個七煞剋「戊」人命，故天干沒有問題，但「寅」命支正沖日課三「申」支，為沖格，「申」支金又剋「寅」支木，陽剋陽為煞，沖剋者為「破格」，故日課不可配「戊寅」人命，但可配「戊申、戊子」人命也。

財局、洩局

此日課配「丙辰」人命，「丙」命干火生日課「戊」日干，又被日課兩「甲」干所生，「丙」命又剋日課「庚」年干，平均計算，日課各天干對「丙」命干來說是中和的，但「辰」人命支與日課「子、申」成三合水局，辰土為三合水局之水庫，但日課「申」金支三個，是洩合「辰」支也。故是「洩局」，但較為溫和，是中性的配搭，不吉不凶。

或許有人會認為，此日課是「天上三奇甲戊庚貴格」，何以是中性而不凶不吉呢！這個問題就是「只懂重於格局，而不懂相配」。須知「擇日不重於格局，而重於日課能給予祭主人命及山命有多少也」；這離不開「貴人祿馬」；若此日課配上「乙丑」人命及「申」山坐山之修造，則甚吉也，因日課「天上三奇甲戊庚」之貴人全到「丑」支人命，「乙」人命干之貴人又到日課各「子、申」支上，彼此互為貴人，配之甚吉，能發揮出天上三奇貴格之特性來，能為人命所用也。

雖然日課三「申」金被「丑」土支人命所生而略洩，而「丑」命與日課歲支「子」化合土，亦洩於「申」支，「乙」干人命剋「戊」日干為財，「乙」干命與日課「庚」歲干合金而與三「申」支同旺，日課兩「甲」木干雖是「乙」人命之劫財，兩個不算多，仍可接受，若三個則多也。

綜合而論，以上日課配「乙丑」人命及「申」山是可以的，平均推算下，亦是大吉配搭。學者若能熟習干支之六神、貴人、祿馬的關係，則在選配人命、山命時，便能從心所欲，這必須按步就班地學習，兼能得明師指點，終能明白正五行擇日之法也。

寫一偈曰：

十神六神　干支組合

靈活配法　邀福定能

（十二）三會局日課取法

繼大師

在十二個地支中，各有所屬月份、方位、五行、陰陽、化合刑沖等，單以十二支論，也有方位之組合，這是以時間的干支而定出其方位五行，再配合由十二支八干四隅卦所組成的廿四山山向而修造，是以時間干支五行，去輔助廿四山方位的五行，兩者均用上十二地支，但一個是時間，一個是方位，學者切勿混淆。

在時間上之十二地支所屬之五行如下：

日課三會局，是取十二地支三個順序支，可順排或逆排，或倒亂排等，即是：

水局——亥、子、丑

木局——寅、卯、辰

火局——巳、午、未

金局——申、酉、戌

日課在選取三會局時，先定出人命及山命之五行所屬，而相配則以人命、山命被生及同旺為吉，洩、尅皆凶。

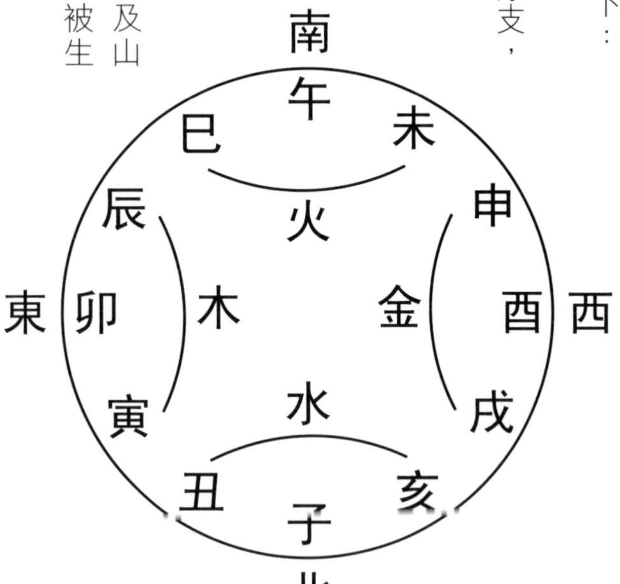

金木水火三會地支圖

例如以西曆二零二八年「戊申」年為例，申年支是金，則取「申月、酉月、戌月」內之「申、酉、戌」日及時便成三會金局日課。地支「申、酉、戌」支全而不雜其他地支，否則便不成三會局。「戊申」年農曆七、八、九月之干支是「庚申月、辛酉月、壬戌月」。茲列出「戊申」年內三會金局日課之組合如下：

日課三會金局干支表：

西曆二零二八年內干支之三會金局

時	日		日		月	年
申、酉、戌時	8月27日	甲申	8月15日	壬申	8月7日-9月6日 庚申	戊申年（二零二八年）
	8月28日	乙酉	8月16日	癸酉		
	8月29日	丙戌	8月17日	甲戌		
	9月22日	庚戌	9月8日	丙申	9月7日-10月7日 辛酉	
	10月2日	庚申	9月9日	丁酉		
	10月3日	辛酉	9月10日	戊戌		
	10月4日	壬戌	9月20日	戊申		
			9月21日	己酉		
	10月26日	甲申	10月14日	壬申	10月8日-11月6日 壬戌	
	10月27日	乙酉	10月15日	癸酉		
	10月28日	丙戌	10月16日	甲戌		

二零二八年內之三會金局日課干支表：

時 /	日	月	年	時	日	月	年	時	日	月	年
壬戌 辛酉 庚申 /	戊戌	辛酉	戊申	戊戌	丙申	辛酉	戊申	壬戌	癸酉	庚申	戊申
丙戌 乙酉 甲申 /	庚戌	辛酉	戊申	壬戌	戊申	辛酉	戊申	丙戌	乙酉	庚申	戊申
庚戌 己酉 戊申 /	壬戌	辛酉	戊申	丙戌	庚申	辛酉	戊申	癸酉	甲戌	庚申	戊申
壬戌 辛酉 庚申 /	癸酉	壬戌	戊申	己酉	壬申	壬戌	戊申	丁酉	丙戌	庚申	戊申
丙戌 乙酉 甲申 /	乙酉	壬戌	戊申	癸酉	甲申	壬戌	戊申	庚戌	丁酉	辛酉	戊申
				癸酉	甲戌	壬戌	戊申	甲戌	己酉	辛酉	戊申
				丁酉	丙戌	壬戌	戊申	戊戌	辛酉	辛酉	戊申

我們已知道五行是土生金，金生水，水生木，木生火，火生土，而三會金局可相配水、金之人命或山命。若有「丙申」年命祭主，要修造酉山卯向之陰宅或陽居，或修酉方兑宮，現擇於西曆二零二八年十月廿七日下午六時正，日課四柱是：

戊申　年
壬戌　月
乙酉　日
乙酉　時

本身日課地支為「申、酉、戌」三會金局，日、時兩「乙」干之貴人到歲支「申」上，其干支金重而生水，壬月干水被戊年干土所剋，故生乙木之機會微，但因地支金重，「申」年支又暗藏「庚、戊、壬」，故應可將「戊」土轉化而生金，金生水，壬水又生兩「乙」木，是一循環也，故此日課以金、水為源，木為化用。

此日課配「丙申」年命祭主，則「丙」人命干之貴人到日課兩日、時之「酉」支上，日課兩乙木生「丙」干人命，「乙」為「丙」之正印，日課「申」歲干同旺「申」命，日支「申、酉、戌」三會金局，故大旺「丙申」人命，日課兩「乙」干之貴人到「申」人命，互相為貴人，人命干支各得日課之五行氣來生助，配之大吉。

此日課地支三會金局，坐旺「酉」山，「丙」干人命之貴人又到「酉」山，日課兩「乙」干之祿在卯，卯正沖酉山及本身日課之兩酉支，是為沖祿也，即祿自外而來，增加福份，此三者相配大吉，可惜是戊申年戌月之流月紫白五黃到庚酉辛兑宮，修造由吉方修起尚可，動土則不能也。

此日課亦可配「壬、癸、子、亥、庚、辛、申」等山，「壬、癸、子、亥」屬水，被三會金所生而大旺，「壬、癸」之貴人在「卯」而正沖酉，有兩個沖貴支，即貴人從外而來相助也。配「子」山除得日課三會金局生旺外，日課兩「乙」干之貴人又到「子」山，是貴人到山，「子」山又與太歲「申」支三合水局，雖日課「壬」月干之陽刃在「子」，一個陽刃不為忌也。

此日課配「庚、酉、辛」山是金之同旺局，雖遇流月紫白五黃到臨西方兑宮，但因為五行是土生金，五黃屬土，土生金，故「庚、酉、辛」之三山屬金，金洩五黃之土氣，而流月五黃煞較流年之五黃煞較為輕，除陰宅動土、安碑立向、安葬外，陽宅之修造，可從吉方修起，若是結婚，此日課不須顧及方位之五黃煞，除非要設立香案拜神或拜祖先，則要定出香案是否坐子向午，即坐北向南便可。其餘各三會局之日課可如此類推。

「戊申」年之「未、坤、申」三山犯年五黃，「午、丁、未」山犯戊己都天、夾煞及三煞，「寅」山是沖太歲之歲破方，諸煞方宜避之，學者須熟習推算各流年煞方，以便配合選擇日課及配上人命而配合之。

擇「三會局」日課時，切要留意其三煞方，因為「三會局」是日課上的時間五行，三合方是方位上的五行，兩者相沖相尅，則三煞方就形成，而「戊申」流年，是「子、申、辰」三合，子正沖午，故「丙、午、丁」三方為三煞，「巳」山為劫煞，「未」山為歲煞，故宜避之。

寫一偈曰：

流年諸煞
方位不惑
三會日課
仔細選擇

附錄

茲將各三會局之五行配廿四山之五行相生及同旺解說如下：

金山——「乾、庚、申、辛、酉」山——日課配「申、酉、戌」三會金局是同旺局。

木山——「巽、甲、乙、寅、卯」山——日課配「亥、子、丑」三會水為印局，配「寅、卯、辰」三會木為同旺局。

水山——「壬、癸、亥、子」山——日課配「申、酉、戌」三會金為印局，配「亥、子、丑」三會水為同旺局。

火山——「丙、丁、巳、午」山——日課配「寅、卯、辰」三會木為印局，配「巳、午、未」三會火為同旺局。

土山——「艮、坤、辰、戌、丑、未」——日課配「巳、午、未」三會火為印局。日課三會局只有「金、木、水、火」四局，並沒有土局，而土支之「辰 戌、丑、未」在三會之四局中各有一土支，故「乾、庚、申、辛、酉」五個金山只有配上「申、酉、戌」三會金同旺局，並沒有三會土之印局。

廿四山所屬之五行配日課三會局時，只取印局和同旺局，均屬大吉，取三會局尅山是煞局，取日課三會局洩山是洩局，坐山尅日課三會為財局，煞局、洩局為凶局，財局是中凶，亦可中吉，視乎配煞山煞龍而定。

（十三）三合局之取法

繼大師

日課十二地支中，每隔三支分成四組而產生化合，稱之為「地支三合局」，地支三合所化合之五行，其力旺僅次於三會局，三合之五行於每年中均容易選取，取三合局配廿四山之五行而補山時，其理與三會局一樣，只取五行相生坐山之印局，及五行同旺坐山之旺局為大吉，三合局之五行尅坐山之五行為煞局勿取，三合局之五行被坐山生助為洩局亦勿取。

茲列出各廿四山五行配地支三合局五行之印局及同旺局如下：

金山──「乾、庚、申、辛、酉」五山──日課配「巳、酉、丑」三合金局為同旺局，因三合局中並沒有土局，土支均在「金、木、水、火」四個三合局內出現，故屬金之坐山，並沒有三合印局。

木山──「巽、甲、乙、寅、卯」五山──日課配「亥、卯、未」三合木局為同旺局，配「申、子、辰」三合水局為印局。

水山──「壬、癸、亥、子」四山──日課配「申、子、辰」三合水局為同旺局，配「巳、酉、丑」三合金局為印局。

火山——「丙、丁、巳、午」四山——日課配「寅、午、戌」三合火局為同旺局，配「亥、卯、未」三合木局為印局。

土山——「艮、坤、辰、戌、丑、未」六山——日課配「寅、午、戌」三合火局為印局。

三合局中並沒有土局，故此六個屬土之廿四山並沒有同旺之三合局。

以西曆二零三四年甲寅年內，取「寅、午、戌」月、日、時，地支一個相同，三合支全有，便成三合火局。

茲列出西曆二零三四年三合火局干支表如下：

西曆二零三四年內之地支三合局				
時	日		月	年
寅、午、戌時	2月23日 庚戌	2月7日 甲午	2月4日-3月4日 丙寅	甲寅年（二零三四年）
		2月11日 戊戌		
	3月3日 戊午	2月19日 丙午		
	6月23日 庚戌	6月7日 甲午	6月5日-7月6日 庚午	
	6月27日 甲寅	6月11日 戊戌		
	7月1日 戊午	6月15日 壬寅		
	7月5日 壬戌	6月19日 丙午		
	10月25日 甲寅	10月9日 戊戌	10月8日-11月6日 甲戌	
	10月29日 戊午	10月13日 壬寅		
	11月2日 壬戌	10月17日 丙午		
	11月6日 丙寅 四絕日	10月21日 庚戌		

以二零三四年甲寅年取三合火局為例，若取「寅月」，則要取「戌日、午時」或「午日、戌時」便成三合局。若取「午月」，則在日、時中只取一個「戌支」，其餘只要有「寅、午、戌」三支其中一個便可。若取「戌月」，日、時取一個「午支」，其餘亦是取「寅、午、戌」其中一支便成三合火局。

日課在選擇地支三合局中，除要五行生助人命及山命外，在日課三合局中的天干，亦要懂得取用，茲舉一例如下：

茲有祭主「辛未」年人命，修造「坤山」或「坤方」之陽宅或陰宅之葬金、安墳立碑，或陽居入伙，或開業，或廟宇安坐神佛、開光等等，擇於西曆二零二四年二月十一日下午十二時正，日課四柱是：

甲寅　年
丙寅　月
戊戌　日
戊午　時

此日課地支「寅、午、戌」三合火局，天干歲干「甲」木生月干「丙」火，月干「丙」火再生日、時之「戊」土干，此日課干支是火土一片，極旺於土也，這要注意不能犯五黃、三煞，更要查閱通勝是否該日犯上「土王用事、土符、土煞」等煞，或忌動土等，若然不需動土則可用此日課。在推算下，得知「坤山」並非犯上以上諸煞，故此於「坤山」用事沒有問題。

此日課在配「坤山」時，「坤山」屬土，日課三合火生土，大大生旺「坤山」也。

此日課在配「辛未」祭主人命時，「未」是木庫，屬土，地支三合火生「未」陰土而大旺，人命「辛」干之貴人在日課之「兩寅、一午」支上，而日課之「甲、兩戊」干之貴人到祭主「未」命，互為貴人，人命又得日課之五行氣，而「未」命又與日課「午」支化合日月，故配之大吉。

以上三者之配搭非常吉祥，但若要選取更好的日課相配「辛未」人命及「坤山」的話，可擇同年西曆六月十一日午時，日課四柱為：

甲寅　年
庚午　月
戊戌　日
戊午　時

此日課大致上與上一日課例相同，所差異的，就是此日課天干「甲、戊、庚」，是天上三奇貴格，其貴人全到人命「未」支上，故此更為大吉，「三奇格」將會稍後詳論。

此日課流年紫白二黑入中，八白到「坤宮」，於「庚午」月是流月紫白七赤入中，四綠到「坤宮」，並非犯上五黃，都天在「辰、巳」，夾煞在「巽」，故配選此日課用事吉祥。以上兩日課均選用午時，則方便用事，若取「戌時」，則晚上用事而沒有陽光，不甚方便也，故此擇日亦要兼顧此點。

以上兩日均可配「辛未」人命及「坤」山，而若配上「艮」山，在五行生旺上是可以的，但由於「甲寅」年紫白二黑年星入中，五黃到「丑、艮、寅」東北方艮宮，故日課不能配上「艮」山。

此兩日課亦可配「乙未」人命，乙干之貴人到「申」支上，在廿四山中，以「坤、申」二山合雙山五行，若「乙」干人命貴人到「申」，則其貴人亦到「坤」山也，這即是雙山用於貴人位之原理，這只能用於廿四山之四隅卦山方位上，即「乾山、坤山、艮山、巽山」也，雙山貴人配法如下：

乙、己干——貴人到「坤、申」二山

丙、丁干——貴人到「乾、亥」二山

辛干——貴人到「艮、寅」二山

壬、癸干——貴人到「巽、巳」二山

以上兩日課例均選用「戊戌日、戊午時」，兩「戊」干之祿在巳，陽刃在午，而第二日課例本身有兩個陽刃，但因是「天上三奇貴格」，而兩陽刃亦不算多，故此不為忌也，第一個日課例之兩「戊」干，其陽刃只在一個「午」時支上，故亦不忌，日課本身有陽刃，其問題不大，但日課之陽刃在人命上，是招凶之原由，日課之陽刃在山命為次，一個不為忌，兩個則要有吉星化解，若三個或以上數目之陽刃則凶矣，陽刃是主見血，有血光之災也。通常取三合局在天干中，並沒有三個或以上數目相同之天干出現，而三合局最着重其化合後之五行氣，日課亦易取。

筆者繼大師常見一些人，他們說一個月中只有數日是好日，他們指的是三合局，而其餘沒有好日課，這說法是片面的，日課格局眾多，好壞是以相配得力為主，亦不是見一個三合局日課便是好日子，這要以用事人之生年干支相合為吉，相沖尅則凶，筆者亦見某出名所謂名家，竟然在報章上公然說某年只有幾個三合局是好日子，適宜結婚云云，見這邪說，不禁黯然失聲，感嘆也！

以上三合火局日課，若然配上「壬子」人命及「子山」修方或安墳，則大凶矣，日課「寅、午、戌」三合火局，「午」火支正沖「子」山「子」人命，焉有不凶呢！水火又相沖尅，「壬」干又屬陽水，陽火與陽水相沖尅，則「壬子」人命配三合局是大凶的相配也，「子」山被「午」火正沖，沖則破敗，而「午」又被「寅、戌」支邀合，沖力更大，故此取日課不能一概而論，不重於格局，只重於日課能「扶山相主」，此乃不易之正五行擇日古法也。

寫一偈曰：

三合日課

五行氣和

生助相配

得福無禍

（十四）遙格配命法

繼大師

遙格者即邀格也，意思是邀請某支來作客而朝拱之，請某支作貴賓，視之尊貴，而日課以地支為主，以半三合局為遙格之骨幹，而在遙格中之半三合局多以拱旺支為格，即除三合局中之「子、午、卯、酉」四支為拱支而不出現外，其餘各三合局兩支均出現在日課地支上。

例如在「申、子、辰」三合水局中，日課地支出現兩申兩辰而獨缺子支，則「申、辰」支是邀子支而成三合水局，它可以有六種排列，即是：

（一）申年、辰月、申日、辰時。
（二）辰年、申月、辰日、申時。
（三）申年、辰月、辰日、申時。
（四）辰年、申月、申日、辰時。
（五）申年、申月、辰日、辰時。
（六）辰年、辰月、申日、申時。

茲列表如下：

	四柱地支	四柱地支	四柱地支	四柱地支	四柱地支
	時日月年	時日月年	時日月年	時日月年	時日月年
拱子	辰辰申申 ∨ 申申辰辰 ∨	辰申申辰 ∨ ∨ 拱子 拱子	申辰辰申 ∨ ∨ 拱子 拱子	申辰申辰 ∨ ∨ 拱子 拱子	辰申辰申 ∨ ∨ 拱子 拱子
拱午	戌戌寅寅 ∨ 寅寅戌戌 ∨	戌寅寅戌 ∨ ∨ 拱午 拱午	寅戌戌寅 ∨ ∨ 拱午 拱午	寅戌寅戌 ∨ ∨ 拱午 拱午	戌寅戌寅 ∨ ∨ 拱午 拱午
拱酉	丑丑巳巳 ∨ 巳巳丑丑 ∨	丑巳巳丑 ∨ ∨ 拱酉 拱酉	巳丑丑巳 ∨ ∨ 拱酉 拱酉	巳丑巳丑 ∨ ∨ 拱酉 拱酉	丑巳丑巳 ∨ ∨ 拱酉 拱酉
拱卯	未未亥亥 ∨ 亥亥未未 ∨	未亥亥未 ∨ ∨ 拱卯 拱卯	亥未未亥 ∨ ∨ 拱卯 拱卯	亥未亥未 ∨ ∨ 拱卯 拱卯	未亥未亥 ∨ ∨ 拱卯 拱卯

若以上例表之遙格是以「子、午、卯、酉」為遙支的對象，其次是遙拱「寅、申、巳、亥」四支，再次者是遙拱「辰、戌、丑、未」，在半三合局中，其說法是要有「子、午、卯、酉」中其中一支為主，再配上其餘二支中的任何一支，便成半三合局，以半三合水局為例，「子、申」或「子、辰」便成半三合水局，若「申、辰」便未構成半三合局，但若年、月及日、時各具「申、辰」二支，便成遙格，亦算是半三合局也。

取有效的遙格，首先要以祭主人命為主，例如有「乙未」年人命，擇一遙格相配，其方法是取乙干之貴人祿馬，及未支的天干貴人，即是：

（一）乙干之貴人——「子、申」二支
（二）乙干之天祿——「卯」支
（三）未支所屬天干貴人——「甲、戊、庚」三干

日課若取遙格，以「子、申」為主，日課地支可取「申、辰」或「子、辰」，天干取「甲、戊、庚」內任何一干即可，這是筆者繼大師在「正五行擇正法上」個人經驗之取法，日課可取「甲申、甲辰、甲子、戊申、戊子、戊辰、庚申、庚辰、庚子」等年干支。

若取西曆二零二八年四月五日早上八時正用事，配上「乙未」年人命，其日課四柱為：

例（一）：

年	戊申	拱子而邀之
月	丙辰	
日	庚申	拱子而邀之
時	庚辰	

此日課地支年、月及日、時分別是「申、辰」邀「子」支而拱之，「子」支正是「乙」干命之貴人，合拱貴之遙格也。

此日課本身在日、時之兩「庚」干之祿，在年、日之「申」支上，日課本身有祿有拱，而日課兩「庚」干之貴人到「未」支人命，「乙」干人命亦與兩「庚」干成天干五合化金合官，日課月干「丙」雖尅日、時之兩「庚」干，但因日課金強而火弱，所以不能尅，因此「丙」干火只作生旺「戊」年土干論。故此日課配「乙木」年命生人大吉。

若想配得更理想，日課可擇於西曆同年同月，四月廿九日早上八時辰時，日課四柱是：

例（二）：

年　戊申 ╲
月　丙辰 ╱ 拱子而邀之

日　甲申 ╲
時　庚辰 ╱ 拱子而邀之

此日課與上一日課相同地支，所不同的，唯獨是「甲」日干有異，故此相配「乙未」年人命與上例相同，但此日課更貴，因為此日課本身是「隔干（隔丙月干）天上三奇甲、戊、庚」格，天上三奇之貴人到未支人命，故配之大吉。

若取日課以乙干命人之祿（卯支）為主，則日課可取於西曆二零二七年十一月十二日晚上十時正，日課四柱是：

例（三）：

年　丁未 ╲
月　辛亥 ╱ 拱卯而邀之

日　乙未 ╲
時　丁亥 ╱ 拱卯而邀之

此日課地支年、日是「未」，月、時是「亥」，「亥、未」邀「卯」而拱之，是遙格，「卯」支是乙干人命之祿（又稱天祿），故對乙干人命來說是邀祿，日課本身之日干亦是乙，其祿被地支所邀，本身亦是邀祿也。

「乙未」命其「乙」干與日課「乙」干同，「未」支與日課之年、日「未」支同，亦是同旺「乙」年命；乙命生丁，日課兩「丁」干為「乙」命之食神，「辛」干為「乙」命之七煞，這樣就有「一個比肩，一個七煞，兩個食神」。因日課日元有「乙」作人命之比肩，一個七煞亦不為忌，故此相配亦大吉，若兩個七煞即不可相配也。

若論配山命，其原理與配人命相同，以例（一）之日課為例，可配「子山、申山、辰山」，以「申山」最得日課之金氣，因日課年、日兩「申」支同旺，日、時兩「庚」干之祿到「申」為旺局，故配之大吉。

本來例（一）日課配「子」山是最好的相配，但因在「寅、申、巳、亥」四長生年支，寅月是八白紫白流年入中，逆排而行，二月是七赤入中，辰月是三碧入中，故辰月之流月紫白五黃到北方「壬、子、癸」三山，故此戊申年丙辰月不宜配上「子」山動土修造，流年、流月紫白會在本書附錄中談及。

在日課例（二）中，可選配「癸丑、癸未、乙丑、乙未、己丑、己未」年人命，「乙、己」年人命之貴人「子」而被日課「申、辰」雙邀而拱之，「乙、己」干之貴人亦在日課兩「申」支上，其理與前論同。日課「戊、庚」之貴人到「未、丑」

人命或山命，相配亦吉。

日課例（一）配「癸」干人命，則「癸」干之祿在「子」支上而被日課「申、辰」雙邀而拱，是邀祿也，故配之大吉。

綜合以上所論，遙格會是半三合局之變格，其邀拱地支，不離人命之貴人祿馬，若是日課邀拱「驛馬」，則以地支之「寅、申、巳、亥」為主及為邀拱之對象，若有「甲寅」年命人，擇於西曆二零二四年十二月卅日晚上十一時卅分（夜子時）用事，日課四柱為：

例（四）：

年　甲辰
月　丙子　邀申而拱之
日　戊辰
時　甲子　邀申而拱之
（夜子時）

此日課配「甲寅」人命，則「甲」干與日課之年、時兩「甲」干相同而同旺人命，甲干之祿在「寅」命支上，日課「辰、子」邀「申」而拱之，「申」干正沖「寅」支，而「辰」年之驛馬在「寅」，而「甲寅」命又正沖「申」，「寅」年命之驛馬在「申」

支上，故日課遙格邀「申」而正沖「寅」人命，是為遙沖人命之驛馬也。「寅」又是「甲」命之祿，故亦是邀祿馬而拱之，此相配大吉。

寫一偈曰：

邀拱祿馬
人命福澤
相配得宜
師傳正法

（十五）拱格之取法

繼大師

日課中以十天干十二地支為正五行擇日之符號，以干支的陰陽五行用作扶山相主的依據，在日課十二地支內，由子至亥順排，中間是夾一字，而那一字是在廿四山的方位坐山，那麼日課地支拱那山，該日課便是拱格，拱格以年、月及日、時為兩組，同拱一字為主。

茲列出拱格日課地支如下：

四柱地支							
時	日	月	年	時	日	月	年
未	巳	未	巳	丑	亥	丑	亥
拱午				拱子			
申	午	申	午	寅	子	寅	子
拱未				拱丑			
酉	未	酉	未	卯	丑	卯	丑
拱申				拱寅			
戌	申	戌	申	辰	寅	辰	寅
拱酉				拱卯			
亥	酉	亥	酉	巳	卯	巳	卯
拱戌				拱辰			
子	戌	子	戌	午	辰	午	辰
拱亥				拱巳			

若單以十二地支坐山為主，此表之日課可作參考，舉一例如下：

例（一）：

有「乙未」年命生人，修造申山寅向，擇於西曆二零二七年九月十三日下午六時正，日課四柱為：

年	丁未
月	己酉
日	乙未
時	乙酉

（年、月：未、酉拱申；日、時：未、酉拱申）

此日課年、日「未」支與月、時「酉」支，同拱「申」支，因地支「未、申、酉」順排，「申」支在「未、酉」支中間，日課是拱格，日課本身「己」月干及日、時之「乙」干，其貴人在「申」支而被「未、酉」二支所拱護，故此日課本身已是拱貴也。

日課地支「未、酉」拱「申」山，以「申」山為尊，日課天干「乙、己」之貴人又在「申」山，甚貴也，日課地支五行「未」土生「酉」金及「申」金，旺山也，「乙未」人命與日課日元干支相同，「乙」時支及「未」歲支又同旺「乙未」人命，故相配大吉。因「酉」支拱「申」而不作劫財論。

若此日課配「庚申」人命，則日課除拱「申」山外，亦拱「申」人命，而「庚」干人命之祿在「申」支被「未、酉」所拱，為拱人命之祿，是拱祿格也，「庚」人命又與日課「乙」干合金，亦旺，日課「乙、己」二干之貴人又到「庚申」人命地支上，貴祿俱旺，故相配大吉。

以上例（二），是純粹以十二支在廿四山之位而論，若以廿四山順排，則不是「未、申、酉」之排法，而是「坤、申、庚」，因日課沒有坤，而亦不可能取庚干及未支而拱申，故並非每一個廿四山均能在日課上取得拱格，若以「酉」山為例，則日課取「庚、辛」而拱「酉」，但地支之山，以日課十二地支為旺，取天干則又不盡同也。

日課取拱格，最適合用於四隅卦，即：

乾山——戌、亥拱乾
艮山——丑、寅拱艮
巽山——辰、巳拱巽
坤山——未、申拱坤

茲列出廿四山、十二地支及先後天八大宮位圖如下：

拱格日課之中，亦有廿四山之八天干被十二支所拱，茲列如下：

甲山——寅、卯拱甲
乙山——卯、辰拱乙
丙山——巳、午拱丙
丁山——午、未拱丁
庚山——申、酉拱庚
辛山——酉、戌拱辛
壬山——亥、子拱壬
癸山——子、丑拱癸

以天干之坐山為例，有「乙卯」年命人生，修造「乙山辛向」，擇於西曆二零二四年三月廿九日早上六時正，日課四柱為：

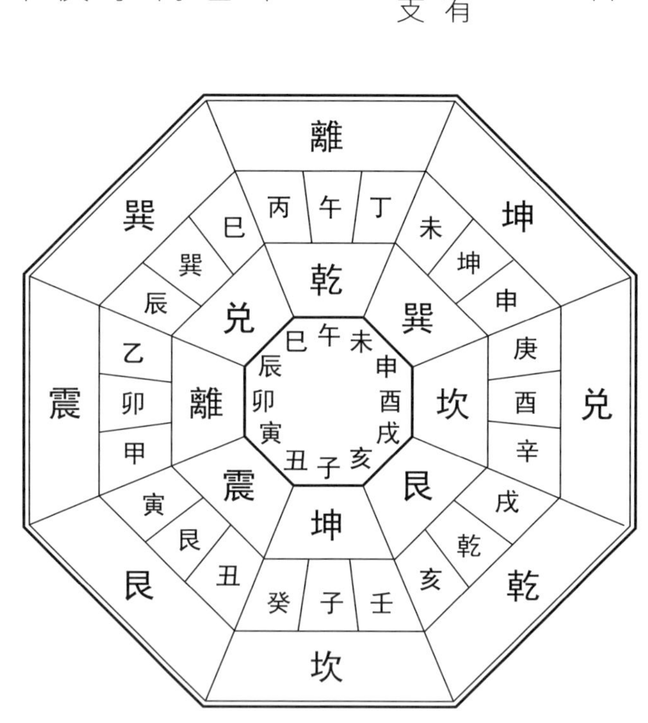

內層為十二地支，內二層為先天宮卦
內三層為廿四山，外層為後天八大宮卦

年　甲辰
月　丁卯 ＞拱乙
日　壬辰
時　癸卯 ＞拱乙

以上日課地支年、日及月、時分別為「辰、卯」而拱「乙」干坐山，以「乙」山為尊，日課日、時之「壬、癸」天干，其貴人在日課本身之月、時「卯」支上，又在「卯」支人命上，日課「辰、卯」又拱「乙」干人命，日課所拱之「乙」干，其祿在「卯」人命支上，是拱祿及拱貴皆有，「乙」人命之祿到日課之卯支，是互相為祿，日課「壬、癸」水生「乙」木坐山及人命，五行氣亦生旺也，故相配大吉。

拱格日課中，亦有年、月及日、時兩組地支相同而拱山，例如日課擇西曆二零二四年四月廿一日早上六時正，日課四柱為：

年　甲辰
月　戊辰
日　乙卯
時　己卯
拱乙

此日課年、月是「辰」支，與日、時之「卯」支拱「乙」，配「乙」山及「乙卯」年命人亦非常吉祥，其好處與上一例相同。

在日課干支中，當配上廿四山坐山方的時候，在四正方的順時鐘排列上，分別是：

北方坎宮——壬、子、癸——天干「壬、癸」拱「子」山。

東方震宮——甲、卯、乙——天干「甲、乙」拱「卯」山。

南方離宮——丙、午、丁——天干「丙、丁」拱「午」山。

西方兑宮——庚、酉、辛——天干「庚、辛」拱「酉」山。

在拱格當中，日課只有下列三種拱格：

（一）十二地支拱十二地支坐山。

（二）十二地支拱八天干（甲、乙、丙、丁、庚、辛、壬、癸）坐山。

（三）十二地支拱四隅卦（乾、坤、艮、巽）坐山。

古人在取拱格日課時，並沒有使用日課之天干去拱坐山之地支，古法以十二地支為重，天干坐山則以天元一氣或天干三朋格為主，是天干及地支坐山，以日課之天干及地支，用同干或同支取格，若在日課取祿到坐山，便使用聚祿格，即堆格，亦是干支同氣日課配坐山之法（三朋格，天、地元一氣格）。

舉一例如下：

若有祭主「乙卯」年命，修造「卯」山，取西曆二零二四年十一月十六日下午十時正用事。

日課四柱為：

甲辰　年
不拱卯〈
乙亥　月
甲申　日
不拱卯〈
乙亥　時

此日課不作「甲、乙」干拱「卯」山論，但可作五行生尅及貴人祿馬而論。

此日課天干月、時「乙」干之祿在「卯」山及人命，又與「乙」人命干相同，日課年、日兩「甲」干之陽刃到「卯」山及人命，中凶，年支「辰」隔「亥」月支而不與「申」日支成半三合水局，日課月、時「亥」支陽水被「申」日支陽金所生，故日課水、木大旺，以五行氣來説是生旺「卯」山及「乙卯」人命，「卯」人命又與日課月、時支兩「亥」成半三合水局。

此日課配「乙卯」人命及「卯」山有兩個缺點，就是日課有兩個陽刃及劫財到人命及山命，故此吉多於缺點，相配平平，只得五行水、木二氣，由於日課木氣強，故不忌兩個劫財到人命及山命，兩個陽刃亦不算多，而日課有兩個「乙」木，中和了「甲」木所產生之陽刃，三者相配亦可，但不作「拱格」日課論。

故擇日不以日課格局為重，以日課、人命、山命三者相配為主，日課助旺人命及山命為重，不犯三煞、五黃、都天、土煞、剋山等為要。

寫一偈曰：

拱格尊貴
山得中位
五行相生
邀福可為

（十六）天上三奇貴格

繼大師

在正五行擇日法格局中，有三奇貴格之說，在清、胡暉著《選擇求真》卷七「八節三奇」（玄學出版社印行，第二零六至二零七頁）有云：

「八節三奇——夫三奇者。又勝諸吉時。乙丙丁乃是上界之真宰。其功莫測。可以降地下之凶煞。凡三奇祿馬所到之處。更不避太歲將軍諸凶煞。……八節即：立春、立夏、立秋、立春、春分、秋分、夏至、冬至也。」

三奇貴格以日課之天干為主，分為三種，以喻「天、地、人」三格，茲列如下：

（一）天上三奇——甲、戊、庚
（二）人中三奇——壬、癸、辛
（三）地下三奇——乙、丙、丁

天上三奇以「甲、戊、庚」一同出現在日課上為貴，陽干配以陽支成一柱，所以在日課四柱中，天上三奇所配的干支是：

甲子、甲辰、甲申、甲午、甲戌、甲寅
戊子、戊辰、戊申、戊午、戊戌、戊寅

庚子、庚辰、庚申、庚午、庚戌、庚寅

日課天干「甲、戊、庚」在地支之貴人是「丑、未」，故天上三奇以配「丑、未」人命及山命為吉。天上三奇之五行有甲陽木、戊陽土及庚陽金，以五行之相生來說，是甲木尅戊土，戊土生庚金，庚金尅甲木，因為天上三奇格是合格合局，故不以其干之五行來論，是以其組合來論，此點極為重要。

天上三奇格，有順排、逆排、三干相連而夾雜其他天干，隔干三奇等。順排是由年經月、日天干至時干而排，逆排是由時至年干而排，三奇格亦可不依次序而排，只要日課出現三奇之天干便可以。茲列出天上三奇排法表如下：

天上三奇排法例表：

例法	西曆		四柱地支				排法
	年　月　日	時	時	日	月	年	
例（一）	2024・4・26 (8.00am)	辰時	庚辰	庚申	戊辰	甲辰	由年而順排
例（二）	2020・12・27 (00.30am)	初子時	甲子	甲辰	戊子	庚子	由時而逆排
例（三）	2018・6・7 (4.00pm)	申時	甲申	庚午	戊午	戊戌	非依序而排
例（四）	2055・12・20 (4.00pm)	申時	甲申	庚子	戊子	乙亥	夾雜異干而排

以此「例法」表之例（二）為例，此日課可配丑、未人命，即是：

乙丑、辛丑、己丑、丁丑、癸丑。

乙未、辛未、己未、丁未、癸未。

亦可配「未、丑」二山，由於日課地支是三個「子」支及一個「辰」支，故是遙格，以配「申」山為吉，以五行來論，可配「子山」，屬隔支三朋格，合二格而成一，大吉之日課也。

天上三奇貴格以順排和逆排最貴，其他次之，取其地支，不可有相沖，如「子、午」，「寅、申」，「戌、辰」地支是互沖的，故不可同時出現在日課各地支上。

選取日課，是先有人命、坐山，後擇日相配之，其程序不可倒轉，由於筆者繼大師要解釋日課與人命、山命之配法，故以日課先取，此是易於解說三者關係而作出這樣的安排，讀者宜小心分辨。

以上之例（二）日課之最佳配搭是「乙丑」人命及「子」山坐山，其好處分析如下：

（一）日課天上三奇甲戊庚逆排，三奇之貴人到「丑」支人命。

（二）日課地支是隔干三朋格，三「子」支屬水，與「丑」支人命成六合土，亦是水土同宮之配格。

（三）日課三「子」支與「子」山相同，大旺「子」水坐山。

（四）乙丑人命之「乙」干，其貴人到「子」坐山，是命干貴人到山。

綜合以上所論，貴人及五行氣均能三者相配，大吉之配搭也。

若例（二）日課配乙未、己丑、己未人命，其原理相同，配「丑」山亦甚佳，是日課天上三奇貴人到山。例（二）日課地支「子、辰」是半三合水局，配屬水之山是同旺局，即「壬、子、癸、亥」四山是也，　配屬木之山是印局，即「寅、卯、甲、乙、巽」五個坐山，以人命之干支而論，可配以下人命：

「壬子、乙亥、癸亥、壬寅、癸卯、甲寅、乙卯、甲子、甲辰」。

在選配天上三奇日課配人命時，最好以日課三奇之天干而定人命干，以日課地支而定人命支，若以日課例（二）為例，可選配以下之人命：

「甲子、戊子、庚子、甲辰、戊辰、庚辰、甲申、戊申、庚申」。

切不可配「午、戌」二命，因「午」命沖日課之「子」支，「戌」命沖「辰」支，故不可選取。

由於陽干配陽支，天上三奇「甲、戊、庚」屬陽，而日課本身不可有相沖，故選取天上三奇日課，其地支要分出兩組，即：

（一）寅、午、戌
（二）子、辰、申

最好是日課地支成三合水局或火局，若兩組地支同時出現在日課地支上，切不可同時取「子、午」，「寅、申」，「辰、戌」等相沖之地支，地支互沖則有破敗，故忌取用之。

若取例（二）日課，最好要避開「二、五」紫白年、月星煞、三煞、都天等煞，查西曆二零二零年庚子年戊子月，其年、月之紫白星均是七赤入中，五黃到震宮「甲、卯、乙」三山，二黑到離宮「丙、午、丁」三山，故選這日課用事時要留意。

寫一偈曰：

三奇甲戊庚
五行分水火
避開六沖支
選取得相宜

（十七）地下三奇貴格

繼大師

日課中之地下三奇格是「乙、丙、丁」三干齊集，日課四柱可純一或夾雜其他天干，或隔干三奇亦可，以純一之「乙、丙、丁」干為上格，以三干相連而雜異干為中格，以三干不相連而雜異干為下格。又上格中，以順排、逆排為最好，不依次序排亦好。

地下三奇天干「乙」屬木，「丙、丁」屬火，故地下三奇之天干是木火二氣，又以火氣為最旺，這是以五行氣而論。

以貴人而論，則「乙」之貴人是「子、申」，「丙、丁」之貴人是「亥、酉」，日課之「乙、丁」干可配「亥、卯、未」及「巳、酉、丑」三合木及金兩局，「丙」干可配「寅、午、戌」及「申、子、辰」兩局，丙干屬火，故以地支三合火局相配最宜。

茲將地下三奇各種排法列表如下：

地下三奇排法例表：

西曆		四柱干支				排法
年　月　日	時	時	日	月	年	
2025·10·15	巳、午、未	乙巳	丁巳	丙戌	乙巳	由年而順排
		丙午				
		丁未				
2017·7·18	未	乙未	丙午	丁未	丁酉	由時而逆排
2015·10·17	未		丙寅	丁亥	乙未	
2016·9·11	未		丙申	丁酉	丙申	
2037·5·14	未、申	乙未	丙戌	乙巳	丁巳	非依序而排
		丙申				
2012·8·3	未	乙未	丙申	丁未	壬辰	夾雜異干而排
2007·2·11	未	乙未	丙子	壬寅	丁亥	隔干三奇

現舉一例如下：

例（一）

茲有「乙亥」年祭主，在西曆二零一六年修造坤山艮向陽居，或陰宅祖墳，或修坤方，擇於西曆二零一六年西曆九月十一日下午二時（未時），日課四柱是：

丙申　年
丁酉　月
丙申　日
乙未　時

此日課逆排地下三奇「乙、丙、丁」，年干重覆丙，是純一之地下三奇貴格，日課兩「丙」一「丁」之貴人全到「酉」月支，「乙」時干之貴人到日、年之「申」支上，而「未、酉、申」三支在西南偏西之方，而未屬土，土生金，故地支金旺，天干木火極旺，干與支相尅，幸得未支土把兩者之五行中和，未支藏「乙、丁、己」干，故曰有根，有根則關可通，故火生土，土生金，三氣相生，此日課最好是其時辰「乙未」干支，影響此日課之格局及五行氣也。

此日課配「乙亥」年人命，則乙命與日課時干相同，貴人又到兩「申」年、日支上，日課「未、申、酉」土金之氣生旺「亥」支人命，雖然日課兩「丙」一「丁」之火洩「乙」干人命，但日課本身有「乙」時干，故只洩少許而不足為忌也，由於日課「申、酉」支金重，故「亥」人命支不與日課「未」時支成半三合木局，只能得地支之金而生旺「亥」水人命支論。

日課兩「丙」一「丁」干之貴人到「亥」支人命，無論貴人及五行氣皆生旺人命。以「坤」山相配，則日課「乙」時干及「乙」干年命之貴人到「申」山，以廿四山之雙山五行而論，「申、坤」是同雙山之組合，故「乙」干之貴人同到「坤」山論；地支「未、申、酉」土金大旺，有洩「坤」山土氣之嫌，幸日課天干「乙、丙、丁」木火二氣極旺，故大大生旺「坤」山，而「坤」山屬四隅卦，故受天干「丙丁」火之生旺而匹配。

此種天干與地支相剋之日課若不能通關，則最適合用於真龍結穴之地，凡龍穴真而的，必有來龍氣脈，正是龍穴收放之處，是穴之咽喉，假若來龍是從丙方而來，穴又是「酉」山「卯」向，則此日課之「乙、丙、丁」同旺於「丙」山之來龍，日課之「未、申、酉」又同旺於穴之「酉」山，在這種情形之下，此日課則最宜相配，正是對症下藥。

在有些情況下，地下三奇貴格並不適宜配某種山，這是擇日者只取其天干貴格，而不理會其他地支之五行氣，故擇日除成格成局外，亦要兼顧其五行氣。茲舉一例子如下：

例（二）：茲有「辛酉」年命祭主，修「乾」山或方，擇於西曆二零零七年六月十日晚上十時正，日課四柱是：

丁亥　年
丙午　月
乙亥　日
丁亥　時

首先筆者繼大師先説其好處如下：

（一）日課天干「丙、丁」之貴人到本身日課之年、日、時「亥」支上，是地下三奇貴人到地支之格。日課年、時兩「丁」支之祿到「午」月支上，日課貴、祿格局均備。

（二）日課之「丙、丁」干，其貴人到「亥」山，廿四山雙山五行是「乾、亥」同雙山，故「丙、丁」之貴人到「乾」山，是貴人到山也。

（三）「辛」干人命之貴人到日課之「午」月支上，日課「丙、丁」干之貴人又到「酉」人命支上。互相為貴人之配搭也。

以上三點是以貴人祿馬而論，讀者若仔細分析，會發現有缺點如下：

（一）日課天干「乙、丙、丁」木生火而極旺，地支午火與三「亥」支相尅，「亥」支水與天干火互相尅制，「亥」支藏「壬、甲」，而日課沒有「甲」干出現，故不能將水化生木而再生火，故干支互戰，五行相尅也。

（二）日課「丙、丁」干之貴人到「乾、亥」二山，但「乾」山屬金，「丙、丁」火尅「乾」金坐山，是日課尅山，乾山受火所制也。

（三）日課「丙、丁」火干尅「辛酉」金干支人命；日課三「亥」支水又洩「酉」金人命支氣，是尅、洩之組合也。

以上三點缺點，是以五行生尅而論，日課五行尅人命、山命，雖有貴人到，然而人命、山命受貴人之尅制，不能從心所欲，是客駕御主人，而「正五行擇日法」是以「正五行」為主而論，貴人到則次之，其道理好比主人有財困之難，但得到地方官之助，但官政要人只能給予在人力上之幫助，而不能給予錢財上之相助，故主人不能紓解其本身之財困，故此日課不能取用於「乾」山及「辛酉」人命。

筆者曾經就這個問題請教恩師　呂克明先生，得其解釋，就是日課五行不能尅洩人命山命，雖有貴人，仍不可取用也。

在《鰲頭通書》中，曾有一例，其中有云：

「范公與湘陰縣周元興下祖墳，艮山坤向，用辛丑年癸巳月辛酉日癸巳時，後六十年大富，後六十年大貴。」

此日課天干金水大旺，地支三合金局，而坐山「艮」屬土，洩土山而生金，日課為洩局，這說六十年後發富，再過六十年發貴，這樣必須要看看是否是真龍結穴，穴之大小吉凶、龍、穴之時運同看；但這日課與「艮」山之配搭，在五行氣方面來說，並不適合，這已肯定是遲發了。

寫一偈曰：

地下三奇
五行要顧
山人兩命
兼配無疑

（十八）人中三奇貴格

繼大師

日課中之天干有「壬、癸、辛」出現，便是人中三奇貴格，日課四柱天干可重覆「壬、癸、辛」之任個一干，是謂純格，亦可三干相連而加雜其他一干，是謂雜格，若三干不相連而隔一干，是所謂隔干三奇；各格中，以純格為上，雜格為中，隔干為下，無論上中下等格，可依「壬、癸、辛」由年至時而順排，或由時至年而逆排，或不依次序而排，三者均可，排法中，以順排為最好，逆排亦好，不依次序而排則次之。

在擇日取日課配人命及山命時，基本上，各種三奇格均有所屬之適合本身干支；首先，人中三奇是「壬、癸、辛」，將其天干之貴人祿馬找出，可方便配人命及山命也，茲列如下：

壬——祿在「亥」，貴人在「卯、巳」。

癸——祿在「子」，貴人在「卯、巳」。

辛——祿在酉，貴人在「午、寅」。

人中三奇之五行，以金、水為旺，這是其五行屬性，方便擇日選配，而人中三奇之排法，可分下列各種，茲列例表如下：

人中三奇排法例表：

西曆		四柱干支				排法
年　月　日	時	時	日	月	年	
2022・3・19	卯、辰、巳	辛卯 壬辰 癸巳	辛未	癸卯	壬寅	由年而順排
2032・12・3	初子時	壬子	癸未	辛亥	壬子	由時而逆排
2033・9・19			癸酉	辛酉	癸丑	
2031・3・24			癸亥	辛卯	辛亥	
2033・9・18	丑、夜子時	辛丑 壬子	壬申	辛酉	癸丑	非依序而排
2030・5・18	戌	壬戌	癸丑	辛巳	庚戌	夾雜異干而排
2031・7・22	初子時	壬子	癸亥	乙未	辛亥	隔干三奇

以人中三奇「壬、癸、辛」的組合來說，依其貴人祿馬，可找出其本身相配之地支，即是：

「壬子、壬午、壬寅、辛亥、辛卯、辛巳、癸亥、癸卯、癸巳。」

現舉一例如下：

例（一）：茲有「乙亥」年命，修造亥山巳向，擇於西曆二零三三年九月十八日晚上十一時卅分（以修造陽居較為方便，因天色已晚。）日課四柱為：

癸丑　年
辛酉　月
壬申　日
壬子　時（夜子時）

此日課天干人中三奇貴格，年、月「丑、酉」半三合金局，日、時「申、子」半三合水局，以年至時而作金生水，是順生格局，天干又是金水一片，故日課之五行是大旺金水也。

此日課配「亥」山，則日課之金水大旺「亥」山，五行氣生旺；日課日、時之「壬」干，其祿聚於「亥」山，「亥」山得日課之祿；日課天干之「壬、癸」，其貴人到「巳」而沖亥，故「亥」山得日課之沖貴，即是貴人由外而來相助「亥」山，是沖貴格也。

此日課配「乙」干人命，則「乙」之貴人到日課之日、時「申、子」支上，日課兩「壬」干水又生旺「乙」木，「壬」為「乙」之正印；日課「辛」月干雖為「乙」之七煞，但「辛」金生「壬、癸」水干，轉而生助「乙」干人命，故「辛」不為煞，就算不是轉化，一個七煞亦不為忌，兩個則忌也。「亥」支人命，是日課兩「壬」所到之祿神，大吉也。

日課「壬、癸」之貴人在「巳」而正沖「亥」人命，與配「亥」山命同論，同屬沖貴格。無論日課之五行氣或貴人等，皆能相配「乙亥」人命及「亥」山山命，故配之大吉。

此日課可配「壬子」人命及「巽」山，因「壬子」人命屬水，日課兩「壬」干助旺人命，時柱「壬子」干支是同旺，日課金水一片而生旺「壬子」人命；日課年干「癸」水之祿到「子」人命地支，雖日課兩「壬」干之陽刃到「子」支，因為「壬子」是同一柱，故「子」不忌「壬」干，故陽刃不為忌也。

此日課配「巽」山屬木，被日課一片金水之氣所生旺，在廿四山之雙山五行而言，「巽巳」屬雙山之內，而日課「壬、癸」干之貴人到「巳」山，故其貴人亦到「巽」山，不論五行氣或貴人等，此人中三奇貴格均能相配「巽」山而大吉。

在人中三奇貴格中，有些是天干與地支相尅的，例如日課擇於西曆二零二二年三月十九日早上十時正用事，日課四柱是：

壬寅　年
癸卯　月
辛未　日
癸巳　時

此日課天干由年至日是順排人中三奇「壬、癸、辛」貴格，時干重覆「癸」干，天干金水一片；日課地支「寅、卯」屬木，「巳、未」拱「午」，小又生火，故「巳」時支很旺，地支木火一片，若論五行氣，則天干水旺尅地支火也。但若以貴人而論，則日課兩「壬」一「癸」之貴人在「卯、巳」之月、時支上，日課「辛」日干之貴人到「寅」年支上，日課本身格局雖五行氣在干支上相尅，然而日課本身之貴人在干支上最得位的，這種格局，並不適用於一般純粹五行單一之人命及山命上，這必須配置要巧妙，此日課是非常「絕」的，用得適宜，可堪稱一絕之大格局也。這是筆者繼大師個人經驗之流露，可謂公開心中擇日的秘密了，茲舉一例如下．

例（二）：有「壬午」年祭主，造葬「癸」山「丁」向，來龍為「巳」方入首，用以上日課用事（壬寅年，癸卯月，辛未日，癸巳時。）

此日課雖是天干五行金水氣剋地支木火氣，但其貴人得力，成格成局，是五行剋格之人中三奇貴格，現分析如下：

此日課配「癸」山坐山墳碑，是天干同旺格，亦是人中三奇貴格之組合，「癸」山之貴人到日課之「卯」月支及「巳」時支上，「癸」山得日課天干之金水五行氣，又得其地支之貴人位置，配合巧妙。

「巳」山為來龍入首，是龍之倒頭一節，是龍氣收放之處，「巳」山是日課「壬、癸」干之貴人位，日課地支木火熾旺，故生旺「巳」山來龍，「巳」山亦是得日課天干三奇貴人位，又得地支五行旺火之氣，亦甚巧妙。

「壬午」人命祭主，配此日課是「壬」干同氣，同人中三奇組合，「壬」人命干之貴人到日課之「卯、巳」月、時支上；「午」支人命被日課木火之氣所生旺，日課「未、巳」日、時支拱「午」人命支而成三會南方火局，「午」人命支居中位，三會局以中為尊，故日課拱「午」人命，甚貴也；日課二「癸」干之祿在「子」支而正沖「午」人命之，為沖祿，拱而沖祿，又得五行火氣，而日課「辛」日干之貴人到「午」人命支，故相配甚妙。

綜合以上所論，此日課配「壬午」人命，「癸」山坐山，及「巳」山來龍，均是配搭一絕，完全發揮了人中三奇貴格之力量也。

因此，日課之選配，不重格局，以實用為主，亦即「正五行擇日古法」中之「扶山、相主」為宗旨，若要配搭妙絕，也須經過千錘百鍊始可為之。

寫一偈曰：

擇日精要
旨在巧妙
非重於格
衹在適調

（十九）綜合格局日課之選取

繼大師

在選取日課用事，其格局是有可能集兩格或數格於一身，例如三奇合三會，或三奇合三合局，或天干三朋合三合不等，我們只要謹記陽干配陽支，陰干配陰支，除亥、子及巳、午要留意其陰陽外，其餘干支在選取配搭上是陰陽各一柱的。現以兩格集於一日課而舉一例如下：

例（一）：有「庚申」年命人修造「申」山，擇於西曆二零三三年九月十八日晚上十時正用事，日課四柱是：

癸丑　年
辛酉　月
壬申　日
庚戌　時

日課天干為人中三奇，雖不是順或逆排，但亦入格，地支除「丑」外，月、日、時支是「申、酉、戌」三會西方金局，雖雜入「丑」支而非純三會局，但亦入局。以日課本身來說，「辛」月干之祿在本身月柱酉支上，「庚」時干之祿在「申」日支上，「庚」之貴人在「丑」年支上，「丑」年支雖與「酉」月支為半三合金局，然而「申、酉、戌」三會金局力大，故「丑」支不能與「酉」支成半三合金局，日課本身具人中三奇格及三會局，集兩格於一身。

此日課配「庚申」人命，「庚申」一柱為純陽金，日課「庚」時干助旺「庚」人命，日課地支三會金極旺，故「庚申」人命甚得日課之五行氣相助，「庚」人命干之貴人到日課之「丑」年柱地支上，「庚」人命干之祿在日課之「申」日支上，日課「庚」時干之祿亦到「申」人命支上，互相為貴祿，故配之大吉。

此日課配「申」山，其五行氣之關係與配人命相同，因日課地支三會金局，日課天干有「壬、癸」水干，雖五行氣是金生水，然而日課「壬、癸」干不會洩「庚申」人命之金氣，因為日課四柱八字中，有六個是金，即「庚、辛」金干，地支「申、酉、戌」三會金，及「丑」年支是金庫，故此日課不作洩「庚申」人命論，原埋是，日課金旺水少，作同旺金局論。

再舉一例如下：

例（二）：有「壬寅」年命祭主，修造「卯」山，擇於西曆二零二二年三月十九日晚上十時用事，日課四柱為：

壬寅　年

癸卯　月

辛未　日
己亥　時

日課本身為天干「壬、癸、辛」順排人中三奇貴格，雖加雜己干，仍是入格；日課地支月、日、時為「亥、卯、未」三合木局，雖有「寅」年支，仍為入局，故日課集兩格局於一身。以五行而論，日課地支一片木氣，天干由「己」時干順生「辛」金日干，再順生「癸、壬」之月、年干，因日課「亥」時支藏「壬、甲」故有水木之根，故水旺再生木氣，木氣大旺也。

此日課配「壬寅」人命，得日課水木之氣所生旺，「壬」干之祿在「亥」時支，「壬」干之貴人在「卯」月支，「壬寅」年柱為同旺人命局，日課之「辛」日干之貴人在「寅」人命，貴祿均有，配之甚吉。

此日課配「卯」山，其理與配人命相同，「卯」山得日課「壬、癸」干之貴人位，亦得日課地支三合木局而成同旺局，貴祿均能取用，故相配大吉。

此日課亦可配「巽、乙、甲、寅」等屬木五行之坐山，其理與配「卯」山相同，是同旺格，然而在配「巽」山之時，在廿四山中，「巽、巳」屬相同之雙山五行，故日課「壬、癸」干之貴人到「巳」方，亦到「巽」方，故日課配「巽」山甚好，貴人方及祿方，兩者皆得。

此日課若配「艮」山，則「艮、寅」同屬一組廿四山之雙山五行，「艮」雖得日課「辛」金日干之貴人位，但五行氣是土尅水，「艮」土尅「壬、癸」水干，洩「艮」土之氣也，但最重要的，是日課地支三合木局，木氣甚強，木尅「艮」土，「艮」山受尅制，故此受制而敗，雖得貴人，但「艮」山氣被尅，故不能興旺，雖日課集兩格於一身，仍不可配用也。

擇日之原則，首重五行氣之生旺，貴人次之，不取格局之多少或大小，只取合生旺貴人，先有人命、山命，後選取日課相配，這就是擇日之次序及重點，再來是避免日課相沖命宮及胎元，若修方修山，要避開日課時間在方位上之五行煞方及二、五紫白年、月凶星，則修山、方及配人命祭主，依此為原則，用事大吉也。

這原理雖簡單，若沒有明師心傳口授，則難以明白，若想擇日功夫穩固，最好能以日課配人命及山命配取，再得明師修改，經改正後再能得其講解，假以時日，必得真傳，若單靠看書，很難得其神髓，只是表面罷了！

寫一偈曰：

格局綜合
取配得宜
明師修改
得法將來

（廿）三德叢集格

繼大師

在清、胡暉先生著《選擇求真》卷七之〈三德叢集定局〉（玄學出版社，第二一六頁）有云：

「三德。歲德天德月德也。叢集者。會聚一方也。山向方道。值此修造安葬動土最吉。不避一切凶煞。定獲禎祥。

甲己年六月三德同在甲

乙庚年十二月三德同在庚

丙辛年九月三德同在丙

丁壬年三月三德同在壬」

在正五行擇日法中，除五行相配人命及山命外，亦可依日課中之吉神配命，以大吉之神化解凶煞及邀福，其中以「天德、月德、歲德」合稱三德，而當三德齊到某月令上，便是「三德齊臨之月」，在擇取月法上，這是最佳之法，再在三德之月內，選出適當的五行氣生助祭主及坐山，則是甚吉之取法。

三德月之原理，其實是天干與地支三合之五行相關，筆者繼大師解釋如下：

申、子、辰三合水局——天干壬是陽水，壬與丁合，辰支是三合局之水庫，故凡在壬、丁干之年，在辰月內，便是三德齊臨之月。

亥、卯、未三合木局——天干甲是陽木，甲與己合，未月是三合局之木庫，故凡在甲、己干之年，在未月內，便是三德齊臨之月。

寅、午、戌三合火局——天干丙是陽火，丙與辛合，戌月是三合局之火庫，故凡在丙、辛干之年，在戌月內，便是三德齊臨之月。

巳、酉、丑三合金局——天干庚是陽金，庚與乙合，丑月是三合局之金庫，故凡在庚、乙干之年，在丑月內，便是三德齊臨之月。

現舉四個年份內之三德月作例，茲列如下：

（一）西曆二零一四年七月七日至八月六日內，干支為：

甲午　年

辛未　月

（二）西曆二零一六年一月六日至二月三日內，干支為：

乙未　年

己丑　月

二零一五年為乙未年，乙與庚合，庚、乙干年之三德月在丑月，西曆已過了二零一五年，故為二零一六年之一月六日至二月三日。

（三）西曆二零一六年十月八日至十一月六日內，干支為：

丙申　年

戊戌　月

（四）西曆二零一七年四月四日至五月四日內，干支為：

丁酉　年

甲辰　月

二零一七年是丁酉年，丁與壬合，三德月在辰月，地支「辰、酉」本可合金，但因丁年干屬火，甲月木干又生旺之，故丁火旺而「辰、酉」不能合金也。

在取三德叢集格，須留意每年只有一個三德齊臨之月，取日課時，不可偏選，或非取大格局不可，以人、山命相配為主，格局是可遇不可求的。現舉一三德月例子如下：

例（一）有祭主「壬午」年人命，修造「丁」山，取於二零一四年西曆七月十日，早上六時正用事，日課四柱為：

甲午　年
辛未　月
壬午　日
癸卯　時

以此日課本身來論，「未」月為「甲」年之三德齊臨之月，天干月、日、時為人中三奇「壬癸辛」貴格，集兩大格於一身。

「甲」年干之真貴人在「辛未」月柱上，「辛」月干之真貴人在「甲午」年柱上，而「辛」月干之貴人又在「午」日支上，「壬、癸」日、時干之貴人在「卯」時支上，地支貴人得位。

若以五行而論，天干以「辛」金生「壬、癸」水，故天干水旺，地支「午、未」合日月，卯時支木又生火，這「卯」時之木氣，得本身時柱「癸」水生助，故天干之水氣在「卯」木貴人位上得以轉化故火甚強，「甲」年干雖被「辛」月干所尅，然「辛」陰金尅「甲」陽木，「辛」是「甲」之正官，故「甲」木仍可生旺「午」火年支。

此日課配「壬午」年人命是最匹配的，「壬午」人命與日課「壬午」日相同，助旺人命，「壬」人命之貴人到「卯」時支，「壬」命又是人中三奇之一，日課「辛」干之貴人到「午」人命，相配大吉。

此日課配「丁」山，「丁」與日課「壬」干合木，木生火，故「丁」山火氣甚強，「丁」山之祿在日課之年、日「午」支上，亦吉也；日課「癸」時干雖剋「丁」山，然一個七煞不為忌，而日課「甲」木干生「丁」山，地支「卯、午、未」木火又旺，故大旺「丁」山之氣也。

此日課在配「壬午」人命上，「壬」之陽刃在「子」而正沖日課「午」年、日支，若是「丙午」人命則是沖陽刃兩個，但「壬午」是本身「壬」干坐下之「午」支，「壬午」人命又與日課之日柱相同，故不忌。

「甲午」年之三煞在「壬、子、癸」山，都天在「辰、巽、巳」山，歲破在「子」山，年紫白五黃在「戌、乾、亥」山，故修造「丁」山是沒有問題的。

此日課亦可改為「巳」時，或改「未」時，日課四柱為：

（甲）：

甲午　年
辛未　月
壬午　日
乙巳　時

（乙）：

甲午　年
辛未　月
壬午　日
丁未　時

以上「甲、乙」兩日課均可取，甲例日課雖非人中三奇格，但地支「巳、午、未」三會南方火，亦大旺「丁」山，配「壬午」人命亦佳。乙例日課雖亦非人中三奇格，但「丁未」時柱，與「壬午」日柱，天干「丁、壬」合木，地支「午、未」合日月，是地支的雙飛蝴蝶格（此格將在後數章內詳論。），故此「未」時能與日柱合木火同氣，大大生旺「丁」山，「丁未」時又與「壬午」年人命干支相合，故配之大吉。

以上例（一）及甲、乙之日課同是三德月，只是在取時辰上有分別，三者皆可，這視乎擇日者之取向也。

在取三德月日課中，有些是較為遜色的，若三德月剛好是歲破月而一定要在這月用事的話，則可取天干五合或地支六合之日、時相就之。茲舉例如下：

例（二）：有祭主「庚子」人命，修造「子」山，要在西曆二零一六年一月內用事，取一月廿四日下午六時正，日課四柱為：

乙未　年
己丑　月
乙巳　日
乙酉　時

此日課本身在「乙未」年之「丑」月，是三德齊臨之月，又則好「丑、未」相沖，是歲破月，在地支之相沖中，以「辰、戌、丑、未」支之沖力較輕，故此，取「巳」日「酉」時，或「酉」日「巳」時，以地支之月、日、時成三合局以解去「未」歲支對「丑」月支之沖力。

此日課三「乙」干隔「己」，是隔干三朋格，地支是三合金局，月得三德齊臨，集三格於一身，日課「乙、己」干之貴人在「子」山子人命，四貴人齊臨「子」支上，日課「巳、酉、丑」支金局生「子」水支，三「乙」干與「庚」人命干合金，為「庚」人命之正財，因日課地支三合金局，助旺「庚」命，故「庚」命不忌剋洩於三「乙」，而日課又有「己」月干土生「庚」金，為正印，無論以五行氣或貴人來說，此日課均甚相配「子」山及「庚子」人命，故配之大吉。

此日課之年三煞在「庚酉辛」兑方，都天及夾煞在「寅、甲、卯、子、丑」山，年、月紫白五黃在「庚酉辛」兑方，歲破在丑，故修造「子」山不忌。

除使用地支三合去化解歲破月之外，我們又可使用地支之三會關係去解破月，如取西曆二零一六年一月卅一日，晚上十時，日課四柱為：

乙未　年
己丑　月
壬子　日
辛亥　時

此日課亦是在三德之破月，地支取「亥子丑」三會水局，以化解「丑、未」支之沖力，而日課取「子」日，正是「乙」年干及「己」月干之貴人支，大旺「子」山及「子」人命，「庚」人命之貴人又到日課之「未、丑」年、月支上，貴人及五行氣均能相配，又可解開歲破，故配之大吉。

此日課若改為「申」時（下午四時正），則日課四柱為：

乙未　年
己丑　月
壬子　日
戊申　時

此日課若取「申」時，則「申」與「子」日支成半三合水局，這樣「子」與「丑」月支之合力較少，使「丑、未」支之沖力加強，因年、月及日、時各成兩組拉力，因此日、月支之合力便失去，故取「申」時較遜色，雖然「申」時是日課之「乙、己」年、月干之貴人，這樣之取法，則見人見智也，但亦未嘗不可，視乎擇日者之取向，擇日之用法，非是絕對的，這有使用者的意向見解在其中，但憑一心而矣，各有見解也。

若依在三德吉星齊臨之月，而「丑、未」支相沖之力又次之，相信是沒有問題的。

這「三德叢集格」是集天德、月德、歲德於一月，若逢之更曾添福氣，避開凶煞方，取吉星高照，得日課之助力，則人命、山命大吉，必能邀福。

寫一偈曰：

吉聚三德
命配妙日
萬千變化
唯以用心

（廿二）雙飛蝴蝶格

繼大師

在日課格局中，若年、月與日、時兩組干支一樣，或兩組地支一樣，稱為「雙飛蝴蝶格」，這樣其五行之力便集中起來，地支有可能出現「遙格」或「拱格」之日課。

茲取日課例子如下：

西曆		四柱干支			
年　月　日	時	時	日	月	年
2032・4・12 (例一)	辰時	丙辰	戊子	甲辰	壬子
2032・4・24 (例二)	辰時	庚辰	庚子	甲辰	壬子
2032・5・6 (例三)	巳時	乙巳	壬子	乙巳	壬子
2032・9・3 (例四)	申時	戊申	壬子	戊申	壬子

以例（二）為例，配「乙丑」年人命，修造「申」山。日課地支「子、辰」邀拱「申」支為邀格，亦是地支中的雙飛蝴蝶格。

此日課日、時兩「庚」干之祿在「申」而被「子、辰」邀拱而成三合水局，為拱祿格，修造「申」山或方甚吉，若日課之天干沒有「庚」出現，則略為遜色，若只得地支「子、辰」拱「申」山，則「申」山雖尊貴，但缺乏了金之五行氣。

此日課配「乙丑」人命，則「乙」命干之貴人到日課之年、日兩「子」支上，「乙」干之貴人到「申」而被日課兩組「子、辰」支所邀拱，為邀拱貴人格，「乙」命干之貴人又到日課兩「子」支上，故配之甚吉。

有一些雙飛蝴蝶格是相尅的，這種相配，必須巧妙，以例（三）為例，年、日「壬子」，月、時「乙巳」，天干「壬」水生「乙」木是相生，但地支「子、巳」是水尅火，在「巳」月是火旺，「壬子」水氣被囚，然「壬」水生「乙」木，水生木，故以五行論，地支是相尅的，但若配以「卯」山及「乙巳」人命，則日課兩「乙」之祿到「卯」山，日課兩「壬」干之貴人到「卯」山，兩「子」水生旺「卯」木，雖有兩「巳」洩「卯」木，但生「卯」木多於洩「卯」木，故仍可取用，而「乙巳」人命與日課之月、時兩柱相同，助旺人命，「乙」人命干之貴人到日課兩「子」支上，因此，亦相配得宜，在正常之配置下，應取相生之雙飛蝴蝶格日課，避免相尅洩，若有相尅，則取適合之人命山命相配之。

以上日課表中之例四為例，年、日及月、時干支均相同，分別是「壬子、戊申」兩組，是典型之雙飛蝴蝶格。

例四日課可配「戊辰」生年人命及「壬」山，「戊」年干人命與日課月、時兩「戊」干相同而助旺，兩「壬」干是「戊」干命之偏財，因有兩「戊」干之助，故不剋洩「戊」人命也。日課兩組「子、申」邀「辰」而成三合水局，邀拱「辰」人命支，「辰」命支雖不得貴人位，但被日課邀拱亦尊貴。

日課配「壬」山，其地支半三合水局，是同旺局，因是半三合局，所以「壬」山之陽刃在「子」，則其力已被半三合局所轉化，故不為忌也。

當人命地支是「辰、戌」支，在天干中，是不得貴人位的，故取日課以五行火而生旺之，或取地支相同而有合局，如「辰、酉」配辰，或「子、申」配辰，若「戌」命，則日課取「戌、卯」合火而生之，或取「寅、午」而邀拱「戌」土並生旺之，這樣可彌補天羅地網位「辰、戌」支的缺憾也。

有一些同干支的雙飛蝴蝶格是天干成五合，地支成六合，它們相合後，比起三合及三會之力量更大，其五行氣更專更強。茲舉一例如下：

例（五）：有「丁卯」年人命祭主，修造「甲」山，擇於西曆二零零七年二月廿二日早上四時正，日課四柱是：

丁亥　年
壬寅　月
丁亥　日
壬寅　時

此日課年、月及日、時兩組天干「壬、丁」合木，「寅、亥」合木，日課成純一之木氣，以干支陰陽相合而成，比起三合及三會之力更大，配「丁卯」人命，則日課木氣與「卯」支同氣，又生旺「丁」干火，日課兩「丁」又同氣，「丁」人命之貴人在日課年、日兩「亥」支上，日課兩「壬」干之貴人在「卯」人命支上，配之甚吉。

此日課配「甲」陽干坐山，被日課之純木氣助旺，「甲」山之祿在日課之月、時兩「寅」支上，故相配大吉。

此日課亦可配「巽山、乙山、卯山、丙山、午山、丁山」等木火之坐山，唯「巳」山與日課「亥」支相沖，故不可配之，亦可配「甲寅、丙午、甲午、壬寅、壬午、乙卯、乙亥、丁亥、丙寅」等人命。取日課五行氣之生助，或印局，或同旺局均可。人命及山命得日課之貴人最好，未得貴人而得五行氣亦可；總之，以五行生助為首，貴人次之。

寫一偈曰：

蝴蝶雙飛　格局清奇
氣合純一　生助有情

（廿二）沖格

繼大師

日課之沖格中，多以天元一氣，或地元一氣，或天地同流格，或天干三朋格，或地支三朋格，以其眾相同之天干或地支，與人命及山命所產生的間接相沖關係便是沖格。沖格中，以沖祿格及沖貴格為大吉之格，沖官、沖印及沖馬皆不宜，沖印則有虧損，沖官則有相刑，沖馬則有散失，是為凶格也。

以一日課為例，如西曆二零一五年九月廿六日下午六時正，日課四柱為：

乙未　年
乙酉　月
乙巳　日
乙酉　時

日課是四「乙」干，為天元一氣格，地支日月時為半三合金局，日課四「乙」干之祿在「卯」而沖本身月、日之「酉」支，本身有沖祿在其中。現以此日課配人命或山命之沖格如下：

沖祿格——配「酉」人命或山命，則日課四「乙」之祿在「卯」而沖「酉」命，日課有兩「酉」支同旺「酉」命，日課「巳、酉」半三合金局而旺「酉」命，若地支沒有「巳、酉」，則四「乙」木被「酉」命支剋而洩「酉」命金氣，但此日課就剛好補充了這地支缺金之處，故配「酉」命相宜。

沖貴格——配「午」人命或山命，則日課四「乙」之貴人在「子、申」支上，而「子」支沖「午」命，為沖貴格，日課「未」年支與「午」命合日月，日課餘支「巳、酉」合金而被「午」火所剋，故有洩「午」火支之氣，幸日課有四「乙」木生旺「午」火，但「乙」陰木生「午」陰火，「乙」為「午」之梟神（偏印），梟神奪食，唯配「丙午」人命則可，因「乙」木氣「丙」陽火，而「乙」為「丙」之正印，故「丙午」一柱之人命配之相宜，若配「午」坐山則有顧忌也，此點宜留意。

若配「寅」人命或山命，則日課四「乙」之貴人在「申」而沖「寅」，亦是沖貴格，但四「乙」之陽刃在「寅」，故配之大凶，而日課地支半三合金而剋「寅」木，雖是沖貴格，但亦是聚陽刃之格局，故不能相配。

再以另一日課為例，西曆二零一四年六月十六日下午十二時正，日課四柱為：

甲午 年
庚午 月
戊午 日
戊午 時

此日課天干是天上三奇「甲、戊、庚」貴格，地支之四「午」為地元一氣格，以此日課配人命或山命之沖格如下：

沖馬格——配「庚申」人命或「申」山，則日課地支四「午」，以「寅、午、戌」合三合火局，「申」支沖「寅」干之長生位，故「申」命或山，是此日課之沖馬格，「申」支被日課四「午」火所剋，雖日課是「庚」月干之祿在「申」，但仍被「午」火剋制，雖是沖馬格，但被剋，故配「申」山或人命是不適宜的，「午」又為「申」山之正官，然後官多則本身「申」受制，故不宜配之，雖日課是天上三奇，但不能受用也。

此日課若配「丁山」及「辛未」人命，則「丁」山之祿到四「午」支上，是聚祿格，日課天上三奇，有「甲」木年干生「丁」山及地支「午」火，故不忌「戊」土洩丁山之氣也。「辛未」人命之「辛」干貴人到日課四「午」支上，又為聚貴格，日課天上三奇「甲、戊、庚」之貴人全到「未」支人命上，「未」人命又與日課四「午」支成六合日月格局，「午」火合「未」而生旺之，這樣之配搭，是上上吉也。

若日課配「己未」人命，則大致上與「辛未」命相同，而「己」人命干之貴人在「子」而沖日課四「午」為沖貴格，「己」命干之貴人在「申」而沖「寅」支，「寅」為四「午」之長生位，故是驛馬，故又為沖馬格。「己」命干之祿又在四「午」支上，故是聚祿格，是故集：

「天上三奇格、地元一氣格，沖貴格、沖馬格、聚祿格。」

集五大格於一身，貴而無比，無論貴人祿馬及五行氣均相配，妙絕之配搭，唯擇此日課造葬，則留意，要囑咐祭主後代，勿在子年懷孕生子，易夭折也。若陽宅入伙，或安神立廟則不忌。

寫一偈曰：

集五大格
氣合五行
配人山命
貴而無比

（廿三）食祿格

繼大師

食祿格之日課亦是與沖格差不多原理，是間接與祭主人命及山命關係，「食祿格」，顧名思義，以祭主之天干為主，其食神天干之祿在日課地支出現便是，所以多屬地元一氣格或地支三朋格，不過是配搭用法之分別而產生不同名目而矣。茲舉例子如下：

例（一）：有「癸巳」人命修造「巽」山，擇於西曆二零二三年四月二日早上八時正，日課四柱是：

癸卯　年
乙卯　月
辛卯　日
壬辰　時

此日課格局為隔干人中三奇「壬、癸、辛」，地支三「卯」支是三朋格，集兩格於一身，日課年、時「壬、癸」干之貴人到地支三「卯」上，本身格局不錯，找「辰」時正是配合人中三奇格，雖是隔干三奇，但亦合局。

此日課配「癸巳」人命，「癸」干生「乙」木，「乙」為「癸」命之食神（以癸

干祭主為我，陰生陰，陽生陽，我生者為食神。），「乙」祿在日課年、月、日之三「卯」支上，「癸」干人命食神之祿在「卯」，故為食祿格，日課「癸」年干同旺「癸」祭主人命，「壬」時干為劫財，一個不為多，「辛」日干生「癸」人命，「乙」月干洩「癸」人命，一個不為忌，「巳」支人命屬陽火，被日課之三「卯」陰木支所生，「卯」為「巳」人命之正印，「巳」支得以生旺，故相配大吉。

此日課干支以水木為重，木氣熾盛，故配「巽」木山是同旺格，日課「壬、癸」干之貴人在「卯、巳」二支上，「巳、巽」二山同屬廿四山之雙山五行，故日課「壬、癸」干之貴人同到「巽」山，無論五行氣及貴人均相配，故配之大吉。

再舉一例如下：

例（二）：有「丙午」年人命修造「乙」山，擇西曆二零一五年九月廿六日下午六時正，日課四柱為：

乙未　年
乙酉　月
乙巳　日
乙酉　時

此日課四「乙」為天元一氣格，地支半三合金局，配「丙午」人命，則日課四「乙」干之食神在「丁」，「丁」之祿在「午」命支上，故「丙午」人命得日課四「乙」干之食祿也，而四「乙」木又生旺「午」火，四「乙」干之文昌在「午」支上，「丙」干人命之貴人到日課之月、時兩「酉」支上，「午」人命支又與日課年支「未」合，「丙」人命之祿在日課「巳」日支上，故相配大吉，日課四「乙」之食祿在人命「午」支上，亦是食祿格的一種也。

此日課四「乙」干配「乙」山是天元一氣同旺局，大旺「乙」山，故相配得宜。至於缺點方面，「午」人命支火尅日課地支「巳、酉」三合金為財局，雖略洩「午」命支火氣，但仍可接受，不為缺點也。

所以，日課不重於格局，以「扶山相主」為目的，當熟習後，定能找出相配之日課，故此，《正五行擇日法》是活法，在於靈活變通，相配得宜，定能邀福。

寫一偈曰：

日課食祿
得旺邀福
師傳古法
習而不速

（廿四）羅紋交貴格

繼大師

在日課之選取中，有些在表面上平平無奇，無格無局，但若配上人命及山命，則匹配妙絕，這三者關係到貴人祿馬之互配，稱之為「羅紋交貴格」。

首先，我們將各干支的貴人祿馬分類，以貴人口訣為：

「甲戊庚牛羊。乙己鼠猴鄉。丙丁豬雞位。壬癸兔蛇藏。六辛逢馬虎。此是貴人方。」

及天干在地支之天祿關係，即：

「甲祿在寅，乙祿在卯，丙戊之祿在巳，丁己之祿在午，庚祿在申，辛祿在酉，壬祿在亥，癸祿在子。」

將以上之貴人祿馬口訣，把各干支列出，歸納兩表如下：

天干貴人天祿表：

天干	貴人	天祿
甲戊庚	丑 未	寅 巳 申
乙己	子 申	卯 午
丙丁	亥 酉	巳 午
壬癸	卯 巳	亥 子
辛	午 寅	酉

地支貴人祿馬表：

地支	貴人	天祿	驛馬
丑未	甲戊庚		亥 巳
子申	乙己	癸 庚	寅
酉亥	丙丁	辛 壬	亥 巳
午寅	辛	己丁 甲	申
卯巳	壬癸	乙 丙戊	巳 亥
辰戌			寅 申

我們將干支之貴人祿馬關係記熟，以人命及坐山為主，選取日課配之。現舉一例如下：

例（一）：現在「乙卯」年命人，修造「巽」山，擇於西曆二零二五年八月十一日早上六時正，日課四柱為：

乙巳　年
甲申　月
壬子　日
癸卯　時

此日課無格無局，表面上平平無奇，只得年、月之「巳、申」化合水，但若仔細分析，其貴人祿馬關係緊密。

此日課本身「乙」年干之貴人在月、日之「申、子」二支上，日、時干「壬、癸」之貴人在年、時之「巳、卯」支上，「癸」時干之祿在「子」日支上，「乙」年干之祿在「卯」時支上，「甲」月干之祿在「寅」而沖坐下之「申」月支為本身沖祿，雖無格局，但各干支關係良好，亦可算是無格局之中的格局也，故稱為「羅紋交貴格」。

此日課配「乙卯」年人命，則「乙」干與日課「乙」太歲干同氣，「乙」人命之祿在日課之「卯」時支上，「乙」人命干之貴人亦在日課月、日之「申、子」支上。「乙」人命干又得日課日、時之「壬、癸」水干所生，雖日課「甲」月干為「乙」命之劫財，一個不為忌，木強更不忌。

日課「壬、癸」日、時干之貴人到「卯」人命，日課「乙」年干之祿到「卯」人命支上，日課年、月「巳、申」兩支六合化水而生旺「乙卯」人命，日課日柱「壬子」亦屬水，故大大生旺人命之木氣。

日課水木氣強，故亦生旺「巽」山之木氣，而日課日、時「壬、癸」干之貴人到「巳」山，「巽、巳」是同組的廿四山雙山五行，故其貴人亦到「巽」山。無論貴人祿馬及五行氣，此日課均能生助「乙卯」人命及「巽」山，故相配上上吉也。

此日課亦可配「癸卯」人命，其理與前例相同，但切不可配「甲、卯、乙」三山，因日課「巳」年，其三煞在「甲、卯、乙」東方震宮，故宜避之。

茲再舉一例如下：

例（二）：茲有「甲寅」人命祭主，修造「巳」山，擇於西曆二零二二年三月廿九日下午二時正，日課四柱為：

壬寅　年
癸卯　月
甲子　日
辛未　時

此日課「壬、癸」干之貴人到「卯」，「甲」日干之貴人到「未」時支，「甲」祿到「寅」年支，「辛」時干之貴人到「寅」年支，干支互為貴祿，五行氣是「壬、癸」水干生「甲」木，日支「子」水生「卯、寅」木，日課木氣強，故不忌「辛」干尅「甲」日干木也。

「甲寅」人命屬木，故能被日課生旺，「甲」人命之貴人在日課「未」時支上，貴人及五行氣均能相配，大吉也。

此日課配「巳」山，則日課「壬、癸」干之貴人到「巳」山，日課木氣強而生「巳」山火支，故相配大吉。

所以，取日日課不論格局，若能相配則吉也。

寫一偈曰：

交貴羅紋
配命山人
三者相合
福德可陳

（廿五）日課中以五行生旺山命人命之格局

繼大師

在日課之選擇上，一般人多以為山命及人命得日課之貴人祿馬為上，少有注意到日課本身的格局，山命以坐山為主，人命以年之干支為主，擇日用事以得日課之氣生助為主，我們除了得到日課之貴人祿馬外，最基本的，是日課本身並沒有相沖相剋，其次它的五行氣能生助山命人命，符合這此條件，擇日用事的目的已達到矣。

日課本身的五行氣，以能本身相生為吉，例如坤山艮向之墳穴重修，衆主甲寅年命生，取日課於陽曆二零零三年三月廿二日戌時（晚上八時正）用事。日課四柱如下：

癸未　年
乙卯　月
甲午　日
甲戌　時

以日課本身的五行氣而言，年干癸水生助乙木及兩甲干木，年、月地支是未、卯半三合木局，日、時地支午、戌是半三合火局，整個日課由年、月、日、時是水生木，木生火之五行相生格，五行氣以火為最旺。

當我們得知日課是火旺局之後，以五行相生計算，坤山屬土，墳穴坐坤山而被火旺之日課生旺，以達到日課扶山之目的了，其次再翻查年、月之五黃是否到坤山，宜避之，二零零三年之年紫白是六白入中，五黃到巽方（東南方），月紫白星在二月卯月是一白入中，五黃到南方，墳穴坐坤山並沒有犯五黃凶星也。再查年、月之三煞方在「庚酉辛」西方，墳穴坐坤山亦沒有犯上。再查都天戊己凶方，得知戊在午，己在未，午未方犯戊己都天煞，丁山犯夾煞都天。這樣推算之下，發覺修造坤山是安全的，才放心在這日用事了。

這個擇日之程序，是不可以忽略的；再來就推算擇吉日課是否對祭主人命有所沖剋，我們得知祭主是「甲寅」命，日課日、時天干是甲，與甲干命同，甲干之祿在寅命支上，是同旺五行氣也，依照五行而論，日課屬火旺，人命屬木，會不會把甲寅木命之氣洩去呢！筆者繼大師分析如下：

（一）甲寅命本與日課日、時兩甲天干相同，旺格也，日課癸水又生助甲人命，日課月干乙木雖然是甲陽木之劫財，但只有一乙木，則不忌也。

（二）日課日、時是午、戌地支，半三合火局，若然不是相配寅命祭主，就是洩木命之氣了，就是因為寅命祭主與午、戌兩支成三合火局，則成木火同氣，更助旺甲寅木命；假若是卯命，則有洩木之虞。

所以日課、祭主與坐山，三者的關係除五行氣之重要外，干支的陰陽亦可判斷五行氣是否得洩，這是正五行加上陰陽之擇日學問也。

當推算祭主及坐山在得了日課的五行氣後，再來就是推算日課能否有祿馬貴人相助人命及山命了。

從以上日課例子看，人命甲干及日課日、時兩甲干之貴人同在日課本身的年支「未」上，癸干之貴人在日課之卯月支上，兩甲干之寅祿被本身日課之午、戌日時支拱而邀之，亦屬大吉日課，相配坤山及甲寅年命甚配合也。

這擇日之最重要的事，是日課五行氣生助人命山命而本身沒有沖尅刑破，而日課之選取，非謂一定是大格大局之日子，避開凶煞防沖尅人命、山命是為首要之事也。

寫一偈曰：

擇日未必取大局

或取貴人多食祿

只要五行同生旺

非大格局亦邀福

（廿六）日課之不可取——四絕、四離、陰陽薄蝕、破支等日課

繼大師

大凡擇日，雖有些日課是大貴之格，但若逢八節相交之日，切不可取。茲列出不可取用之日子如下：

（一）「四絕日、四離日」不可取：

每年之「立春、立夏、立秋、立冬」日之前一日，是交入節氣之時，前節氣絕，後節氣生，春、夏、秋、冬季之前一日，如立夏前一日，則春季已完，故名絕日，四季各有一天，故名「四絕日」，而「春分、秋分、夏至、冬至」前一日名「四離日」，亦不可取用。

（二）「日、月蝕七日內」不可取：

大凡日蝕、月蝕、各環蝕等天象，其七日內不可用事，蔣大鴻著《天元歌》第五章（武陵出版社之《相地指迷》內第六十九頁）有云：

「月逢晦朔俱為福。何必蟾光三五圓。但忌陰陽當薄蝕。七日之內勿爭先。」

「陰陽薄蝕」即日、月之蝕也，而「月逢晦朔」即每月農曆之初一及十五也。而「陰陽薄蝕」則不可用事。

(三)「歲破、月破、日破、時破」忌用：

每年各神煞之中，以歲破為最凶，在日課中，忌用有相沖的地支，若日支與年支相沖為「歲破日」，若日支與月支相沖為「月破日」，取時辰地支亦與取日支相同，在《選擇求真》卷二（玄學出版社，第六十二－六十六）有云：

「〈用年法〉——……至凶星以歲破三殺戊己陰府年尅。不宜輕犯。……〈用日法〉——破日大凶。與月相沖日沖歲亦大凶。〈用時法〉－但時破大凶。日支沖時支也。……古人多用建時。決不用破時。……」

古人擇日，少用破時，唯天干一氣，地支雖有破，但取日課巧妙，是作另類之看法，這記載於《選擇求真》內卷二之〈堆格〉（玄學出版社內第五十一頁），其中有一例，云：

「楊公為「丙午」生人。造「酉山卯向」屋。用

辛巳　年
辛丑　月
辛未　日
辛卯　時

以四辛干聚祿於「酉」山。又聚貴於「午」命也。」

以現代日課來取，則出現於西曆一九四二年一月十八日早上六時正。

筆者繼大師現分析此日課之配命如下：

日課本身天干四「辛」是天元一氣格，「丙」人命與「辛」干合（這非以本身日課計算，是兩組天干化合計算。），以日課地支來論，年、月之「巳、丑」支成半三合金局，日、時之「未、卯」支成半三合木局，因此，月、日之「丑、未」支不作沖論，因年、月及日、時兩組支力大故，以日課本身之金力大，佔四柱中四份之三力，而「未、卯」之日、時支雖成半三合木，它被金所尅，然而「未、卯」支的天干亦是「辛」金，故受尅而能被容納，當此日課配上「丙午」年人命，則原本日課之金氣是被「丙午」命所尅而洩人命火氣，日課四柱中之六個字成為「丙午」人命之正財，這樣財多而令「丙午」人命火氣洩而成弱勢，但日課僅餘之「未、卯」半三合木局，便可生旺「丙午」人命而不致於虛弱。這就是此日課配「丙午」人命妙絕之處也。

另外，還有一妙絕處，就是「丙」命干之貴人在「酉」而被日課「巳、丑」支所邀拱，又是日課四「辛」干祿神之位，而「丙」命之另一貴人在「亥」支而被日課之「未、卯」支所邀拱，日課八個字全用得着。且四「辛」干之貴人到「午」人命支，四「辛」干之祿在「酉」山，「丙」人命干之貴人又到「酉」山，故三者相配妙絕，

而日課日支不作月破日論。

筆者回想現今之人，流行一邪說，就是凡動土安葬、安神、立碑……等，便擇大破之日（破日、破時），其邪說是以「破日去破一切煞」，這說法並不是古人之法，雖知破日用得巧妙，方能邀福，如這日課例是也。

若在破日用事，煞不破，時辰之沖剋，已構成有時空之煞力，當事人用之，焉有不凶呢！常觀近代人死亡之時日，多出現在破日，或破月，或在破時，這月辰相破之日支，已含有破敗之意，故擇日用事，應當留意。

寫一偈曰：

陰陽薄食七日內

離絕八日是黃泉

四柱支破切勿取

正是天時大禁忌

（廿七）不是破日的半月破日

繼大師

現在是癸未年正月初四戌時，偶然翻開日曆，覺得今天的干支有一些特別，雖然是踏入癸未年正月初四，然而，擇日定年之法，是以立春日之時辰開始計算，今年之立春在陽曆二零零三年二月四日十四時零五分，換句話說，此時間之後，便是真正癸未年的開始了。

以此日之未時（下午一時至三時）計算，可以排出兩個不同的干支日課，茲列如下：

（一）陽曆二零零三年二月四日下午二時（十四時）正，其日課四柱是：

壬午　年
癸丑　月
戊申　日
己未　時

這日課之十二日神是危日（十二日神是：定日、執日、破日、危日、成日、收日、開日、閉日、建日、除日、滿日、平日。），日課四柱並無不妥，唯一的是未時是月破時，與壬午年之癸丑月支，戌丑、未相沖，剛好是破時交節，且交癸未年，立春前一日（即二零零三年陽曆二月三日）屬於四絕日，壬午年盡，將交癸未年，人凡擇日用事，絕不使用四絕日、四離日（註：立春、立夏、立秋、立冬之前一日是四絕日。春分、夏至、秋分、冬至之前一日，是四離日。）是天地交年之日，陰陽未定，故擇日家絕不取用。

雖然二零零三年陽曆二月三日是四絕日，但是二月四日未時未交立春節氣之時，這二月四日之子時至未時（十四時零五分，下午二時零五分），與四絕日之道理相同，是陰陽未定之時日，仍作四絕日處理。

（二）　陽曆二零零三年二月四日下午二時（十四時）零六分，其日課四柱是：

癸未　年
甲寅　月
戊申　日
己未　時

由於零六分已交立春節氣，所以此日課屬癸未年，除了戊申日、己未時之干支與例一之干支一樣外，其年、月、之天干地支皆不相同，這前後始相差六分鐘，而日課四柱中之二柱已不相同。

注意，當這日課交了癸未年之立春後，原來在十二日神中是危日的，因為已屬於癸未年之甲寅月，其日柱戊申，正與月干支而天尅地沖，大凡日、月之干支互相沖尅，就屬於月破之日，由未時交節後至夜子時這六個時辰，稱為「下六時」，全屬月破日之時辰，日家多不取用也。

若翻查通勝，此日並無不吉之記載，但若仔細排出其四柱干支，是月破之日，不宜用事也，通勝雖寫上「危日」，實際只是說此日之上六時（子、丑、寅、卯、辰、巳、午、未時之一半。），而下六時（未時二時零五分後，至夜子時。）正是月破日之時辰也。

故此，這日是：

不是破日的半月破日

擇日用事，宜小心謹慎也。

寫一偈曰：

日課用事

數分之差

干支大異

選取慎宜

（廿八）紫白五黃之禁忌

繼大師

擇日用事，除干支本身五行外，紫白星之流年及流月五黃，亦須避免。「紫白飛星」名稱之來由，茲解釋如下：

中國最古老之智慧就是易經內的神秘學說，在遠古時代，有龍馬在黃河上出現，其身上有黑白圓點之圖案，古人取其圖，發現是天地宇宙之象數，到後來，在夏禹時代，有神龜出現於洛水，龜背出現一圖，上亦有黑白圓點符號，古人取之研究，開發其象數內的智慧，相傳伏羲氏仰天取象，以陰陽兩爻為代表，後文王及周公作辭，繫於卦之下，後孔子作繫辭傳，於四聖之手，而易經出矣。又稱周易，它組成部分為：

「彖、象、繫辭、文言、序卦、說卦、雜卦等。」

易經源於河圖洛書，茲列圖如下：

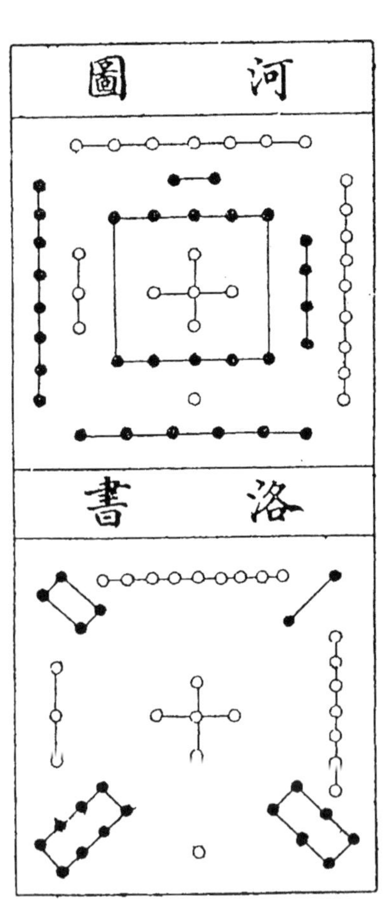

以洛書數得出其方位及陰陽，口訣如下：

「戴九履一。左三右七。二四為肩。六八為足。五居其腹。」

以此數象，於是產生先天數，再配合大八卦，遂而成八大宮方位，以洛書數之飛臨順序排列，以一白、二黑、三碧、四綠、五黃、六白、七赤、八白、九紫為色，以「一、六、八、九」為吉，「一、六、八」為白色，「九」為紫色，故稱為「紫白吉星」，洛書共有九數，故又稱「紫白九星」，並非太陽系內之九大行星也，今人以訛傳訛，將九大行星，作為紫白九星，大謬矣，筆者繼大師曾在英國某書局內，見有兩張風水廣告單張小冊，聲稱以九星（NINE STAR）給人看風水，一男一女均為白人，又誤解九星為九大行星，傳訛至此，流毒深矣。

「紫白九星」亦非沈氏玄空學所獨有，沈氏玄空學將原本洛書周流之九星為用，再加上自己自悟之山星向星放入中宮作順逆飛佈，則形成沈氏玄空之個人學派，其實在元末時代，有無着大士，著有《紫白原本錄要》，讀者可參閱《相地指迷》卷九之六——紫白原本錄要，武陵出版社，第二三九頁至二四三頁便清楚。

紫白以先天洛書數，配以八方及中宮，稱為「八卦九宮」，以年、月、日、時，各有所管轄之九星，稱之為流年紫白飛星、流月、流日及流時之紫白飛星，其表如下：

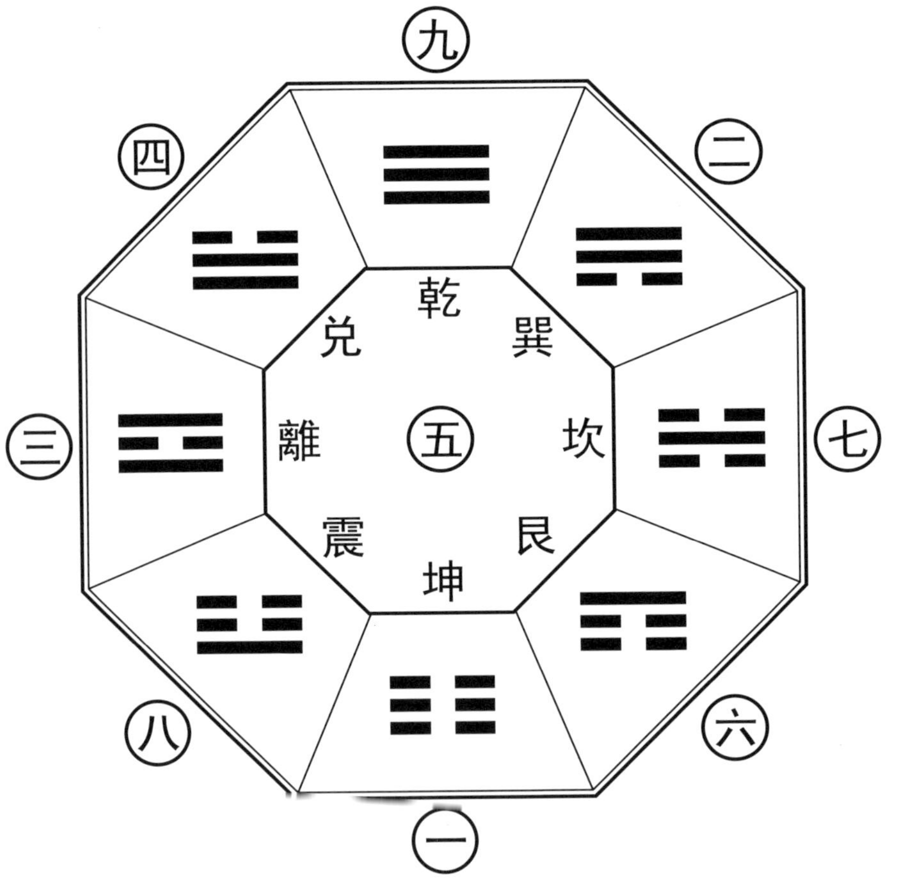

伏羲八卦方位配洛書數

若只用洛書數，再配上方位，依一至九順序飛臨各方位，則九星之數便成矣。下圖箭咀所指，便是一至九數順飛之路線，再配以流年，流月等，便是紫白飛星。茲列圖如下：

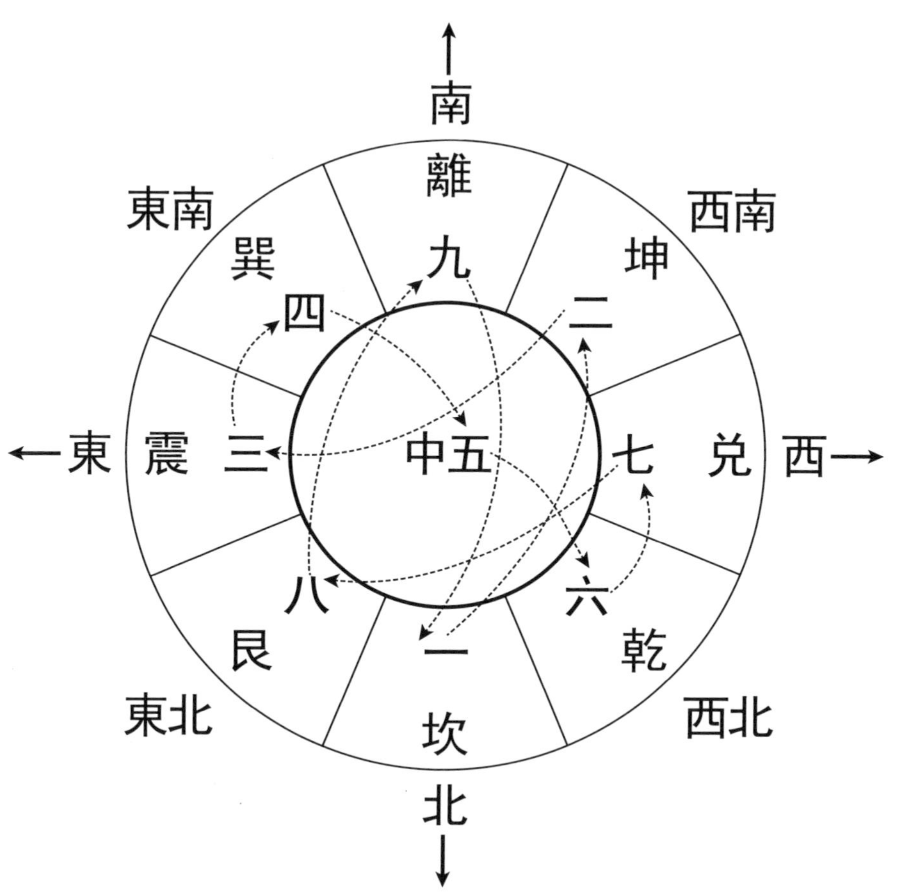

後天八卦宮位及紫白飛星路線圖

以六十花甲為一元，分為三元，共一百八十年，再配以洛書九數，則一個數管廿年大運，而每年亦配上一個洛書數，數入中宮而依上圖之路線順飛各宮，便形成流年紫白飛星。

茲列出由一九九六年至二零三一年每年流年紫白星入中圖及分佈表如下：

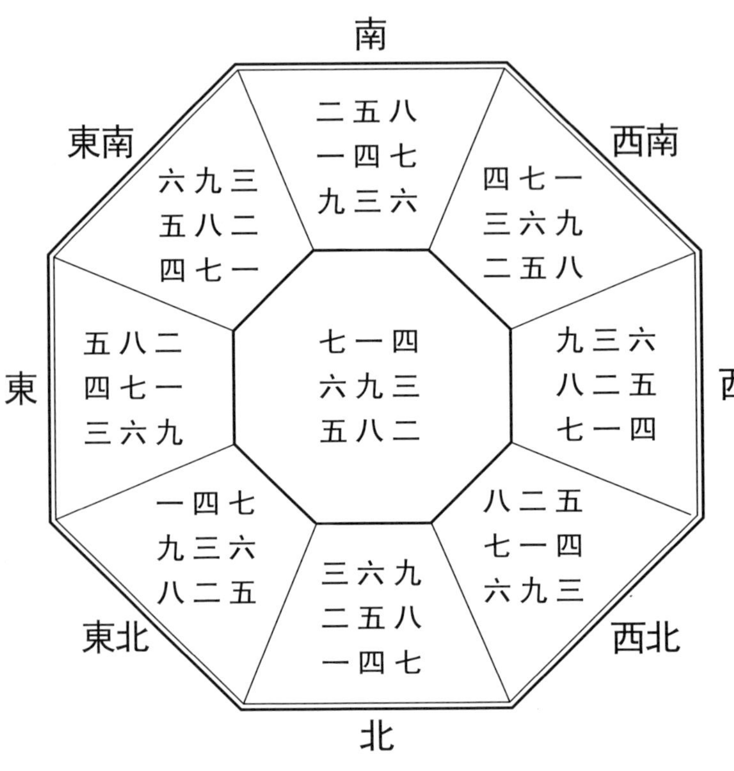

流年紫白飛星入中圖

2023	四	2014	四	2005	四	1996	四
2024	三	2015	三	2006	三	1997	三
2025	二	2016	二	2007	二	1998	二
2026	一	2017	一	2008	一	1999	一
2027	九	2018	九	2009	九	2000	九
2028	八	2019	八	2010	八	2001	八
2029	七	2020	七	2011	七	2002	七
2030	六	2021	六	2012	六	2003	六
2031	五	2022	五	2013	五	2004	五

我們可用查表方式，得知每年之紫白五黃凶星所到之宮位，擇日用事宜避之，如二零一七年及二零二六年，流年紫白一白入中，順飛各宮，則五黃在南方之「丙午丁」三方離宮。而每年之紫白九星，是逆推而行入中宮，即二零一七年一白入中，二零一八年九紫入中，二零一九年八白入中……等。

流月之紫白九星，以每年之「子、午、卯、酉」支，則以八白紫白月星在正月（寅月）入中，七赤月星在二月（卯月）入中，逆推入中宮而順數飛臨各宮方位。茲列圖表如下：

方位	月星
東南	七一四七 六九三六 五八二五
南	三六九三 二五八二 一四七一
西南	五八二五 四七一四 三六九三
東	六九三六 五八二五 四七一四
中	八二五八 七一四七 六九三六
西	一四七一 九三六九 八二五八
東北	二五八二 一四七一 九三六九
北	四七一四 三六九三 二五八二
西北	九三六九 八二五八 七一四七

流月紫白飛星
逢子午卯酉 年
八白入中宮

八亥	二申	五巳	八寅
七子	一酉	四午	七卯
六丑	九戌	三未	六辰

而在「辰、戌、丑、未」年支，則以「五黃」入中，逆推而順飛，而「寅、申、巳、亥」年支，則「二黑」入中，每月逆推而順飛各宮方位。

茲列圖表如下：

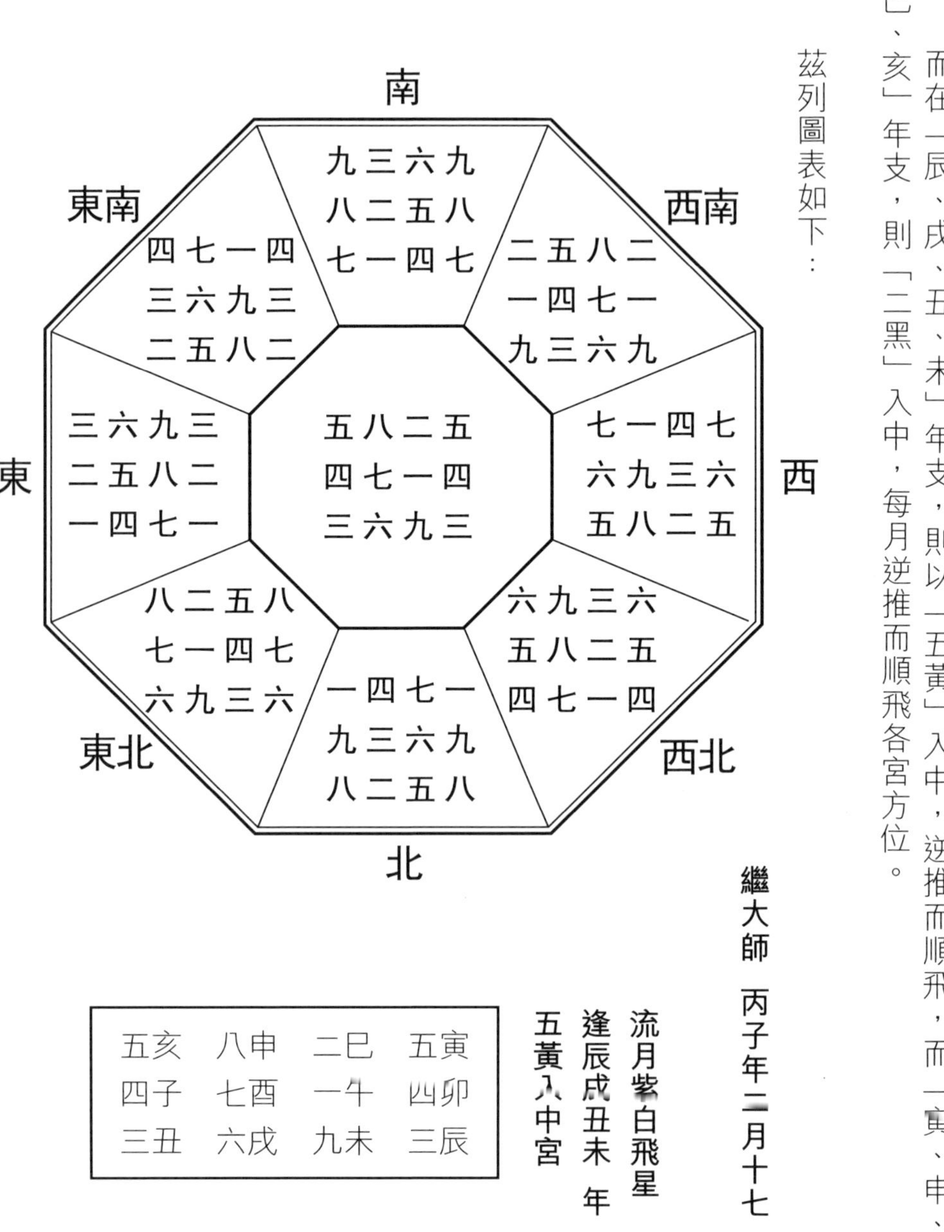

繼大師 丙子年二月十七

流月紫白飛星
逢辰戌丑未 年
五黃入中宮

五亥	八申	二巳	五寅
四子	七酉	一午	四卯
三丑	六戌	九未	三辰

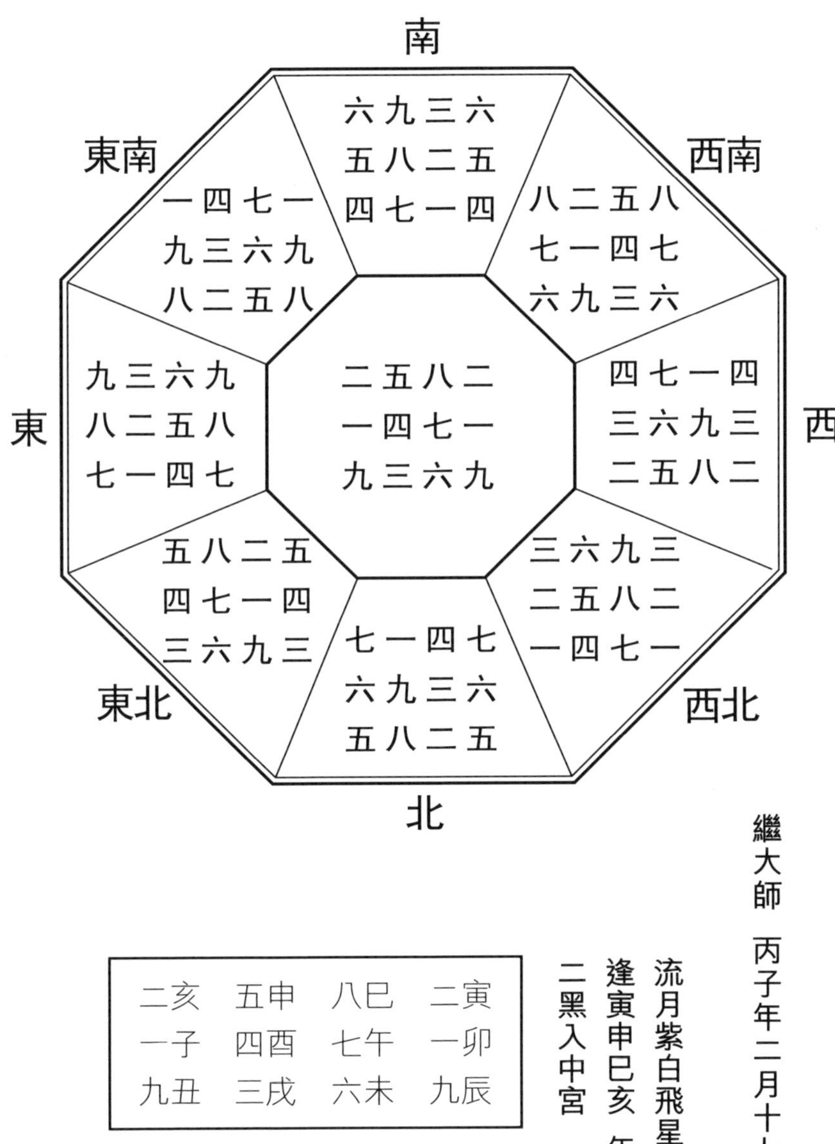

繼大師 丙子年二月十七

流月紫白飛星

逢寅申巳亥 年

二黑入中宮

二亥	五申	八巳	二寅
一子	四酉	七午	一卯
九丑	三戌	六未	九辰

而在擇日法以外，亦要避開五黃二黑紫白年、月飛星入同一宮內而用事。

讀者如要詳細瞭解紫白飛星，可參閱筆者繼大師著之《紫白全書》即可。

寫一偈曰：

紫白原洛書
九星非行星
沈氏山向論
不與紫白同

（廿九）擇日權宜法

繼大師

擇日法中，有權宜方便之法，茲列如下：

（一）清明節前後修墓法——凡修造墳墓，若不懂擇日之法，可在每年清明節之前一天，名「寒食」，修造墳穴，則不論山向、年、月、日、時，可在寒食之日修造，「寒食」在每年「冬至」後一百零五日，以古代曆法平氣計算，清明在冬至後一百零六日半，寒食乃在清明節前一日也。

（二）大寒五日後至立春前——每年大寒五日後至新一年之立春日前二日（因立春前一日為四絕日。），在這期間，擇日拆屋開始，在立春前二日完工，則不忌開山立向、年月尅山家及歲月諸凶神，此謂之「歲官交承」。亦不忌破土、安葬、完山及加土謝墓等。

（三）人死後三日內——凡人初死三日內，毋須擇日而葬，雖值凶神，亦不為害，在這三日內，不問年、月，但擇吉日破土，盡快在一日內築而成墳，代凶神過了坐山方位後，便可完山。

讀者可參閱《選擇求真》卷四——造葬權法，（玄學出版社，第一零八至一零九頁，胡暉先生著。）

（卅）戊己天干日之禁忌

繼大師

在擇日動土來說，要避開歲破方（與流年歲支相沖地支之方位，如子年，則午方是歲破方。）、三煞方、五黃方、戊己都天夾煞方及正沖福主本命地支之方，如子年出生，則「午」方為沖生年之方是也。亦要避開土王用事、土符、土府、大月建、小月建等諸煞。亦忌修造宅中之中宮位，因中心屬土，切不可犯以上諸土煞也。

而每年中之四季月，即「辰、戌、丑、未」月內，不可在戊、己天干日動土或修造中宮，古法謂「戊都天主殺男，其禍速。己都天主殺女，其禍遲。」又說：「燕子作巢，避戊己方，蜂逢戊己日不出。」這說法未有實証，姑且聽聽，但是，若擇日動土，在每年之「辰、戌、丑、未」月內，通勝內有「土王用事」之日，其日之後，不得用戊己日動土，餘月則不忌。

假若要修造中宮動土，不得用戊己日，每月皆忌，中宮屬土，故不可犯之。但假若其日干雖是戊土干，然而是天上三奇「甲、戊、庚」吉日，而能助旺山命人命，亦沒有犯上各神煞，則天上三奇之力，定可化解其凶煞也。這當作別論。（而五黃則例外。）所以，擇日用事，是靈活之法，非刻板固定而一成不變也。用者宜靈活巧用。

寫一偈曰：

戊己煞土　土動中宮
迴避不犯　用神制煞

後記

繼大師

這本《正五行擇日精義中階》以日課各種格局為主，主要應用在：

（一）扶山相主——以廿四山之坐山或方向為主，以福主之出生干支年份，修造陰陽二宅之坐山及山方，陽居以坐山為扶山之目標，陰宅以墳碑之坐山為主。

（二）道觀、寺廟、神壇之安座，以坐山為主，新屋入伙，拜祭地主及拜四角等。

（三）以人命生年、胎元及命宮為主，以日課相配，用於擇日結婚、開張、入學、出行、祭祀、上任等。沒有坐山，則日課只顧及福主人命生年、胎元、命宮干支為主，若有坐山或方向，則取其廿四山方向為要、用日課相配之。

日課之嫁娶例子，已在「初階」一冊後列出，故此本「中階」，則不再重贅。雖本書以格局為主，但擇日不重格局，以配得巧妙為首，借格局而闡明擇日之用法，本書後部份某章，更有分析楊公擇日之例子，亦有寫出在擇日上之種種禁忌，是筆者多年來在日課上的經驗之談，更是吾師　呂克明先生所傳授下來的寶貴學問，今毫無保留地公開其法，望有緣者得之、悟之及惜之！

寫一偈曰：
五行日法
格局為例
巧妙擇取
口口相傳

繼大師寫於香港明性洞天
甲申年仲春老君誕吉日